PRENSIP BIBLIK POU LAVI KRETYEN

PASTÈ WALLACE TURNBULL

Torchflame Books

Durham, NC

Depo Legal

Creative Commons CC BY-NC-SA 4.0

LIS PRENSIP YO

ENTWODIKSYON

Chè ouvriye, mwen te komanse lavi kretyen ap priye jan yo te montre m depi m te piti. Epi m te konnen ke Jezi te tande priyè mwen pou li kembe m malgre m te konnen m pat merite. Men afè twa Bondye ki fè yon sèl te toujou yon mistè pou mwen.

Lè m aprann ke li ta pran kèk mil ane pou rive nan zetwal nou wè ki pi lwen, sa te fè m sezi. Bondye pi gran pase nou ka konprann. Epi pi devan mwen pi sezi lè m aprann ke tout bagay nèt fèt ak ti bagay ki rele atom ki ranje an od pou fè chak bagay. Epi lè m konnen ke chak kalite atom fèt ak ti bagay pozitif ak negatif an diferan fason pou fè chak matye, sa te tèlman etonan ke m di si yon moun ta konnen kouman kreasyon ye, fòk li ta fou ou byen inyoran pou li pat adore gran Bondye sa a.

Epi se gran Bondye sa ki te pran fòm yon moun ki rele Jezi pou 33 zan te pou moun ta konnen li kòm yon chapant ki preche, geri malad epi menm leve moun mouri. Epi, Jezi di li ap voye Sent Espri li pou gide moun. Depi lè sa, kretyen ap montre lòt moun koute Lespri sa a ke nou rele Sent Espri.

Bon Bondye kreyatè nou rele tout moun pitit. Men, li p ap pran pitit rebèl yo ki pa remèt Li lespri yo pou ale lakay Li apre lanmò. Si yo pat mande Li padon peche yo epi pran Lespri Li kòm gid nan kè yo, yo pa ladan.

Nou pale ak gran Bondye kreyatè de tout bagay nan non Jezi, paske Jezi te di lè nou priye, pou nou priye nan non Li. Nou ta panse ke nou ta twò piti pou pale ak Li ki gran Bondye kreyatè,

Men Sent Epri li va fè nou konnen li epi renmen li pi fasil lè nou sonje li nan fòm Jezi, yon nonm mèveye. (Jan 14 :28) Li paj sa you pou nou wè kisa Bib la di.

Mwe priye ke tout ouvriye ki sèvi liv sa a pou enstwi fidèl lakay yo byen rekonèt majeste Mèt nou an ki ba yo apèl ak responsabilite sa, epi ke yo va toujou onore L nan panse, pawòl, ak aksyon yo.

—Pastè Wallace Turnbull

KILÈS JEZI YE?

Gen moun ki di ke «Trinite Sen an a se yon gran mistè.» Ann gade kisa Bib la di sou Bondye ki te kreye linivè a san limit. Nan kòmansman an, Bondye kreye linivè a ak tout bagay ki ladan l. Li gade sa L te fè a, Li wè l bon nèt. (Jenèz 1-31)

Li difisil pout lide nou konprann atòm yo. Yo se ti patikil pozitif ak negatif pou chak fòm matyè. Bondye kreye latè ak lòt planèt yo ki vwayaje otou solèy la ak tan lòt zetwal ki plase nan espas avèk pwòp planet pa yo. Li fè tout sa men Li pa te bay non Li kwake souvan Li kominike avèk moun.

1. Kilès ki te mache avèk Adan ak Èv nan jaden Edenn nan? (Jenèz 1:26, 3: 8, Jan 1: 1)

2. Kilès ki te chita nan tant Abraram ak zanmi li yo pou yo manje ansanm? (Jenèz 18: 1-8)

3. Kilès ki te lite ak Jakòb epi ki te fè l bwete apre sa? (Jenèz 32: 22-32)

4. Kilès ki te avèk twa jenn gason yo nan gwo founo dife a? (Danyèl 3:25)

5. Kilès ki te montre lanmou Li ak tout pouvwa Li sou lanmò ak dout?(Jan 11:25)

6. Kilès ki te di disip Li yo «Mwen te la anvan kreyasyon an?» (Ebre 1: 2)

7. Kilès ki te di «Lè ou lapriyè, lapriyè nan non mwen», e finalman, Bondye gen yon non? (Jan 14:13)

8. Kilès ki pale ak konsyans tout moun pa Sentespri L? (Jan 16: 8)

SENK VÈSÈ KI ENPÒTAN
SOU WÒL JEZI NAN KREYASYON AN

1. Jan 1: 3—Tout bagay te fèt pa Li. Apa de Li pa gen anyen ki te fèt.

2. Jan 1:10—Li te nan lemonn. Se ak Li ke Bondye te fè tou sa ki nan lemonn; men, moun ki nan lemonn pa te rekonèt Li.

3. 1 Korint 8:6—Pou nou menm, se yon sèl Bondye a ki genyen: se Papa a ki kreye tout bagay epi se pou Li n ap viv. Pou nou menm, se yon sèl Mèt ki genyen: se Jezikri, se nan Li tout bagay soti, se Li ki ap fè nou viv tou.

4. Kolòs 1:16—Se ak Li Bondye te kreye tou sa ki nan syèl la ak sou latè, sa nou wè ak sa nou pa wè. Se ak Li Li kreye tout lespri yo ki chita ap donminen, ki gen otorite, ki chèf epi ki gen pouvwa. Se ak Kris la Bondye te kreye yo tout, epi se pou Li Li te kreye yo.

5. Ebre 1:1-2—Nan tan lontan, Bondye te mete pawòl nan bouch pwofèt yo nan divès okazyon ak divès jan pou L te ka pale ak zansèt nou yo. Men, nan dènye jou sa yo, se pitit Li a menm Bondye te voye pale ak nou nan non Li. Se ak Pitit sa a Bondye te kreye tout bagay. Se Li menm tou Bondye chwazi pou eritye tout bagay lè sa va fini nèt.

Syans montre ke nou bezwen kat bagay pou lavi sou Latè:

1. Dlo
2. Lè
3. Nouriti
4. Limyè

Syans fè nou wè ke tout kreyasyon fèt avèk atòm. Chak atòm se yon eleman: oksijèn, idwojèn, nitwojèn, kwiv, fè, sodyòm, elatriye. Bote ak òganizasyon kreyasyon Bondye a parèt tout otou nou nan mond lan. Tout sa nou wè: lavi plant, zetwal, bèt, wòch, lè, ak dlo—tout bagay konpoze de 90 atòm sa yo. Lòd tout bagay baze sou atòm sa yo ak patikil ki genyen ladan yo. Lòd sa pa fèt owaza oswa san yon kòz entèlijan. Lè nou gade nan nati atòm tout kreyasyon parèt byen klè. Lè Bondye kreye, Li mete lòd nan linivè a nan detay ki pi piti yo. Li pa te kreye okenn konfizyon (1 Korint 14:33).

Katreven pousan nan lè ke nou respire a se gaz nitwojèn ki esansyèl nan fòmasyon tout selil vivan. Gen de plant ki fòme nitwojèn nan yon fòm solid nan matyè yo rele pwoteyin ki fòme nwayo selil yo. Bèt ak moun manje plant sa yo ki gen pwoteyin pou yo devlope kò pa yo. Lòt plant pran kabòn nan gaz kabonik nan lè a epi yo ban nou oksijèn pou nou respire.

Yon zanmi te di m ke li pa kwayan! Mwen panse ke li dwe rate klas chimi lè l te lekòl. Mwen priye pou li.

GADE SA BIB LA SITE DE PWÒP PAWÒL JEZI

1. Mwen Se Dlo Vivan (Jan 4:14, 36-37, Ezayi 55: 1)
2. Mwen se souf lavi (Jan 1: 4, 20:22)
3. Mwen se pen lavi (Jan 6:35)
4. Mwen se limyè mond lan (Jan 8:12)

Nou etone e nou rekonesan ke Bondye Papa nou, Kreyatè tout sa ki egziste, mande pou nou pale avèk li epi pou nou vin pitit li! Men swete ke ou va remèt lavi ou bay Jezi epi ke ou va jwenn benediksyon yon relasyon enb ki plen lanmou.

KWÈ AK KONFYANS

Lè nou li nan 1 Korint 15, vèsè 2 «sòf si ou te kwè an ven n», nou oblije wè kouman sa enpòtan. Moun kapab kwè la verite epi pèdi lavi etènèl. Fè pati yon legliz k ap preche ke Jezi ofri syèl la pa sifi. Genyen ampil prèch ki pa komplèt ak kouman pou nou jwen sali a.

Chak anne nan lekòl ete nou wè yon bèl gwoup jenn jan ki vle byen konprann verite sa a pou presante li bay lòt moun. Menm Satan kwè, men li pa ka aksepte Jezi kòm chèf li.

Mwen di moun ak tout kè m ke yo dwe bay Jezi ke yo ak panse yo, pou pa sèlman kwè ke Li ofri syèl la. Epi, lè yon moun bay Kris ke yo ak panse yo, lide ki vin nan tèt yo se lide pa Jezi, epi vi yo beni kou y ap swiv Li.

Nou li lòt kote nan Bib la ke peche p ap genyen pouvwa, epi nou va genyen la jwa nan tribilasyon paske nou konnen ke Jezi ak nou, epi l ap travay pou montre nou pou nou depan sou Li pou lavni nou. Nou konnen desten nou!

Mwen genyen yon lòt ti lide amizan; Nou se pyon nan jwèt echèk Jezi ap jwe kont Satan, epi Jezi ap gagne jwet la! Kòm yon gwo lyon k ap gwonde, Satan chache fè nou sote, men nou byen fò nan konfyans ke li deja pèdi.

NOUVO NESANS AK BATÈM

Jezi te òdone disip Li yo pou yo te «Ale fè disip pou mwen nan tout nasyon, batize yo nan non Papa a, Pitit la, ak Sentespri a» (Matye 28:19) Kan legliz nouvo a te gaye mesaj Levanjil, batèm te swiv nouvo lafwa kretyen yo. Li te yon deklarasyon piblik ke kounye a moun sa yo te disip Jezi. Souvan, senbòl kapab kominike pi byen pase pawòl. Batèm se yon senbòl pwisan de sali nam nou. Pa aksyon sila a nou pwoklame bon nouvèl la ke Jezi te mouri pou peche nou, Li te antere epi Li te leve ankò nan lanmò. Epi konsa nou bay temwagnaj de chanjman ke pouvwa Li fè nan lavi nou.

Mo Grèk la pou «batize» nan Bib la se menm mo ki sèvi pou trampe yon twal nan dlo, ki ba li koulè. Li pale de yon chanjman total. Konsa, lè nou plonje nan dlo a, nou declare ke n ap chwazi pou nou mouri a vye jan nou t ap viv epi n ap ini ak Kris. Peche nou antere ak Li, epi pouvwa peche fini anba lanmò Li sou la kwa (Ròm 6:14). Lè nou leve soti anba dlo a, nou declare ke li pi fò pase lanmò epi li resisite, epi ke nou menm tou, nou resisite nan nam nou a yon nouvo vi. Nou «fèt ankò» pou toutan pa pouvwa Sent Espri pa li.

Nan Bib la, pawòl «kwè» pa sèlman di ke nou dakò; li se yon pawòl de aksyon. Lafwa nou, sa nou konnen pa dwe kache tankou yon Limyè ki kouvri ak yon bol (Lik 11:33). Lè ke fanmi nou ak zami nou ki enkonvèti gade vi nou, yo bezwen wè Levanjil nan vi nou.

APÈL BONDYE A LA REPANTANS

LIK 15:11-24

Nan parabòl pitit gason pwodig la, pi jen gason papa a te mande eritaj li avan lè, pou li te ka viv jan li chwazi. Lè papa li ba li posyon pa l, li te fè ampil chwa ki pat bon, epi li te vin pòv epi grangou ampil. Sa ki vin apre montre prensip bon repantans devan Bondye.

Apre li fin gaspiye tout kòb li, jenn nonm nan jwen travay ap okipe kochon, yon travay ki pi mal, ap bat gous gren bayawon bay kochon yo, epi li te menm niche gous yo. Li te komanse repanti lè li te wè eta li te rezilta de move chwa li yo. Paske li te wè ke difikilte li yo te rezilta kondwit peche li, jenn nonm nan te atriste epi li te rekonèt ke li te peche kont Senyè a (vèsè 18). Li declare ke li pa menm merite rekonèt kòm pitit papa li. Tristès devan Bondye ak konfesyon peche li te fè li lese kote li te ye, epi retounen lakay. Repantans li te komplèt lè li te abandone vye vi peche li epi l te retounen kote papa li. Senyè a ap rele nou fè menm jan epi retounen a Li.

Pitit pwodig la pat pwòpte tèt li avan li te retounen lakay. Li sèlman abandone vye vi li epi pran wout lakay, ap espere mizerikod papa li. Papa Selès la rele nou a la repantans epi li ofri nou padon lè nou lese fè egoyis epi chache viv pou Li. (1 Jan 1:9)

CHACHE CHEMEN

SÒM 25:4-5

Lè n ap pran yon desizyon, gwo ou byen piti, li toujou bon pou tann Bondye pou lide pa li de kouman pou fè, ak ki lè pou fè li. An premye, nou dwe gade nan kè nou, ap mande Espri Sen an pou li montre nou nenpòt bagay nan vi nou ki pou korije, epi se pou nou korije li tout swit! Epi pandan n ap tann Bondye gide nou ou byen louvri pòt, genyen twa lòt bagay pou nou fè, nou menm.

1. Nou dwe mande Espri Sen an fè nou wè nenpòt bagay ki pa fè li plezi, konfese l, epi repanti li la menm. Nou ka panse bagay la piti, pou nou okipe li pita, men pa genyen ti peche ak Bondye. Nou pou pwòpte vi nou avan ke nou beni.

2. Lè nou mande li direksyon pou vi nou, nou dwe genyen pasyans pou tann epi wè ki pòt Senyè a va louvri. Li ka difisil pou tann Bondye lè kè nou oswa lojik nou di nou avanse.

3. Nou pou angaje pou deman nou ka rezoud. Pou egzanp,

lè yon moun di ke yo bezwen travay epi y ap tann Bondye pou rezoud bezwen yo, èske yo aktif, ap chache travay? Genyen moun ki di y ap priye, ap tann Bondye. Men nou pa genyen dwa parese, chita ap tann Bondye gide nou.

Priyè se yon bèl privilèj ke Papa Selès la bay pitit Li. Li vle mennen nou pou nou sa antre nan yon vi de abondans. Men nou dwe aktif, ap chache volonte l, epi ap koute vwa Li tou. Si nou swiv Sent Espri a kòm gid, nou a konnen tout sa Papa Bondye genyen pou nou.

Fason pa Bondye toujou bon

Nou wè ke tout efò Moyiz pou libere pèp li pat reyisi, men nou wè yo te genyen yon lòt chans pa fason Bondye. Si nou te ka aprann tout leson Moyiz te aprann, afè depann sou lide pa nou, ak avantaj depann sou Senyè a, nou ta evite ampil traka.

Lè nou chwazi travay dakò ak Bondye epi soumèt a jan pa l, Li va sèvi ak nou pou fè parèt mèvèy Li yo. Malgre fayit Moyiz, Senyè a te ba li yon dezyèm chans epi li te sèvi ak li pou akompli plan pa li. Men, se te sèlman lè li te imilye l, epi I te lese Bondye fè li jan pa l, kalkile sa Senyè a te reyisi!

Bondye montre sa Li ka fè ak yon moun ki rann tèt li tou emb, ki depan de Li. Moyiz te fè bokou plis travay, epi pi vit, ak mwens resous. Pat genyen okenn gran rebelyon ou byen lagè ki te pran ampil tan, sèlman yon demonstrasyon gran pouvwa li. Li te libere 2 milyon Ebre de esklavaj san pèdi yon. Li te voye esklav pòv ale ak richès mèt yo. (Egzòd 3:21-22) Bondye te montre Izraylit yo ak Ejipsyen yo pouvwa Li.

FÈ PA AK BONDYE

Moun sove lè yo fè konfyans nan Jezi epi yo chwazi swiv Li. Depi la, pi fò kretyen konnen ke yo pou rete pou letenite ak Li nan syèl la. Men, ampil moun pa konnen sa ki genyen pou rès lavi yo.

Yon benefis se ke imedyatman yo genyen privilèj relasyon ak Li, relasyon ki genyen pou grandi. Relasyon ant Jezi ak Bondye le Pè montre kouman nou menm pitit Li dwe an relasyon intim ak Li. Nan Jaden Eden Li te genyen relasyon konsa ak moun, epi Li vle relasyon pou li sa montre lanmou Li pou nou epi Li vle ke nou lib pou adore epi kompran Bondye ki fè nou.

Yon lòt avantaj kretyen genyen se ke nou genyen pwomès ke Espri Bondye, Epri Sen an va gide nou. Fè desizyon se yon pati vi nou chak jou. Li emposib pou yon moun konnen tout detay rezilta k ap genyen avan ke li fè yon chwa. Men Senyè a konnen tout bagay ki gentan pase, tout bagay k ap fèt metenan ak tout bagay k ap vini. Kretyen genyen opotinite ke lòt moun pa posede, ke li pa ka refize!

Pwovizyon de bezwen nou se yon lòt benediksyon ke kretyen genyen garanti. Nou va genyen moman ki rèd, men Bondye bay tout sa nou bezwen pou swiv Li (Filip 4:19). Epi gras Li toujou pliske sifi (2 Korint 12:9). Epi fòk nou sonje ke tout benefis yo la pou nou. Sèlman lè nou pa mache dwat, ap obeyi l, peche ka toufe nou.

Papa Selès nou an vle ke tout pitit fi ak gason li yo k ap mache ak Li genyen tout benedikson li yo. Èske ou genyen kèk bagay ki empeche ke ou soumèt tout bagay a Li?

JAN POU NOU GENYEN
YON GRAN LAFWA

EBRE 11:17-19

Moun konn di ke yo ta vle genyen ampil lafwa. Pi fò pami nou ta renmen ke Bondye ta sèlman fè nou genyen ampil konfyans, men se pa konsa Li fè. Lafwa nou grandi kòm rezilta obeyisans nou nan ti bagay. Nou tout sezi lè nou sonje obeyisans Abraham lè li te ofri Izaak, men èske nou raple tout ti sikonstans yo avan gwo moman sa a?

Pandan tout lavi l, Abraham te obeyi Bondye. Sou lòd Senyè a, li te lese peyi li (Jenèz 12:1-4), li te sikonsi (17:10, 26), li te fè Izaak nan vyeyès li (21:1-3), epi li te ranvwaye pitit li Ishmayel (21:9-14). Tan pou li te ofri Izaak, li te gentan konnen ke Bondye ta toujou fidèl a pwomès Li yo. Eksperyans te fè li te genyen Bondye konfyans.

Menm jan, chak ti obeyisans nou solidifye konfyans nou nan Bondye. Konsa, lè li ba nou yon pi gran defi difisil, nou gentan genyen li tout konfyans. Aksyon pa lafwa baze sou relasyon nou ak Senyè a. Si nou ta neglije ti kòmandman semp yo, nou ta manke wè fidelite li. Èske ou genyen pwoblèm konfye Bondye pou kèk gwo bagay? Petèt ou genyen pwoblèm paske ou te neglije «ti bagay» ke Sent Espri a te fè pou sonje ou sa Li mande iou. Senyè a gade chak ti kmandman li ak enpòtans, epi Li pwomèt rekompans pou chak aksyon de lobeyisans piti ou gwo, gran lafwa komanse ak ti pa.

Lòm ki anwo tout

Moun yo ki t ap vwayaje ak Jezi sou Galile yon nwit nan yon gwo tampèt te mande yon kesyon ki ta dwe fè nou panse. «Ki kalite moun nom sa a ye?» Si nou mande tèt nou menm kesyon sa, nou va wè kouman Jezi pi gran pase tout ti panse nou.

Lè yon gwo van ki jene nan pasaj li nan yon ti ravin pete sou lanmè Galile, dlo a brase, li twoub. Jezi ak disip Li yo te pri nan yon tampet konsa etan yo te anwout pou Gadara. Tèlman ti bato planch latè toumante, maren yo te wè lanmò.

Men, Jezi t ap dòmi byen, nan mitan yon tanpèt si anraje ke pawòl la kompare li ak yon goudougoudou! Ki kalite lòm ka dòmi lè yon ti bato ap pompe konsa? Repons la se Li menm ki te kreye lanmè yo epi ki konnen move tan ak fòs yo ki fè li. Se te yon nonm div nou abiye nan kò tankou pa nou ki te repwoche lam lanmè yo, epi yo te kalme.

Pawòl la ekri ke van ak dlo yo te kalme nan yon enstan. Sa se pouvwa Jezi, Kreyatè ak Senyè de tout linivè. Tout istwa afè Jezi nan Bib la montre ke se Li sèl nonm ki merite glwa, one, ak lwanj. (Danyèl 7:13-14).

Chache sajès

Pwovèb 4:20-27

Pi gran sous sajès Bondye ban nou se la Bib. Ou va jwenn enstriksyon sou tout kesyon lavi ladan li. Li bay prensip Bondye pou bon karaktè, kondwit ak konvèsasyon pou tout sityasyon ak tout desizyon ak tout moun.

Nou chak kapab sonje kèk lè ke nou pat reponn ak sajès. Ensidan sa yo genyen sèlman de explikasyon; swa nou pat konnen bon repons, ou byen nou te chwazi pou nou pa bay li. Pou nou toujou Sèten ke n ap pale byen, fòk nou gade nan Pawòl Bondye. Pou egzanp, ou antre nan plas travay ou, epi yon lòt moun la a atake ou vèbalman, ap akize ou de yon gwo erè ki bay travay la pwoblèm. Nan sikonstans sa a ou ta kapab fache epi reponn ak pawòl byen cho. Men Levanjil Lik 6:27-29 sijere yon lòt repons saj, tankou «Èske genyen lòt detay? Mèsi ke ou fè m konnen sa ou santi.»

Konesans vini pa aprann prensip la Bib epi sajès se aplike yo. Senyè a di nou gade Pawòl Li nan kè nou ak nan tèt nou pou nou sa swiv enstriksyon Li. (Sòm 119:11 ak Pwovèb 8:33)

Nou aprann sajès pandan ke n ap chache viv lavi kretyen, ap chache aplike ansèyman la Bib sou vi nou, epi ap gade rezilta a. Li pou byen nou, menm si sikonstans la pa bèl pou nou. Bondye sèlman vle ke nou an akò ak volonte pa li.

OBEYI KWÈ

Obeyi kwè se yon chan popilè an angle epi an kreyòl paske li pale tout sa Bondye mande nou fè. Lè nou obeyi ak odonans Li, yon bèl relasyon komanse. Lè nou fè li konfyans, obeyi pi fasil, epi obeyi fè ke nou fè li konfyan pi fasil. Èske ou sonje yon defi ki te extrememan difisil? Konsa, ou te aprann gran enpòtans kòmandman sa yo.

Lè ke Senyè a mande ou fè yon bagay ki samble li enposib, ou genyen de chwa. Ou ka obeyi li menm si ou pa konnen sa ki va rive, ou byen ou ka plen perèz epi chache yon lòt fason pou aji. Jozye te chwazi obeyi epi kwè. Paske li te fè Senyè a konfyans, li te abandone tout eksperyans milite li epi li te swiv plan byen dwòl pa Bondye. Paske l t ap mache ak Bondye, li te gentan konnen ke li te kapab fè Senyè a konfyans.

Jan nou reponn a defi Bondye nan travay ke li ba nou montre nivo devosyon nou. Nou ka santi ke nou komplètman an akò ak Li, jis Li mande nou chanje direksyon. Lè sa a, nou ta reziste, epi nou wè ke nou pa osi byen ak Li ke nou te kwè! La a, desizyon nou montre si Senyè a kapab sèvi ak nou, jan Li vle. Paske Jozye te aksepte chanje desizyon li, li te kontinye sèvi Senyè a pou rès vi li.

Pafwa, obeyi se yon lit, epi ou panse tout rezon ke chemen Bondye pa lojik. Perèz fè ou ta kouri lòt direksyon men obeyi se toujou lè miye chwa, paske Senyè a merite konfyans epi Li saj.

POUKISA AMPIL MOUN ENÈVE?

Nouvèl yo ke jounal, radio ak televizyon bay raman bon. Prèske tout nouvèl ke yo bay pa fè kè kontan, epi pi fò moun vekse epi fache de sa yo aprann. Sa tèlman vre ke genyen moun ki reaji anraje, atake lòt moun epi blese yo, ou byen atake etablisman moun ki pa nan anyen. Èske fache se yon reaksyon de perèz paske moun yo ki vyolan pa konnen sa pou yo fè? Si wi, kouman pou ede yo?.

1. Pou pliske de mil ane, legliz ap enstwi moun nan sa ki bon. Se la ke moun aprann respekte, sèvi epi okipe yon lòt. Jodi a sou latè nan preske tout peyi genyen mwes moun ki asiste sèvis legliz. Si legliz yo ta antre nan koze a pou ofri lapè etènèl, sa ta ede bokou.

2. Pafwa, pastè yo bay pèp la sa yo renmen tande olye sa popilas la bezwen. Konsa, moun pa tande kouman pou yo sat viv youn lòt ak jantiyès epi lanmou. Levanjil chanje vi ak kompotman, epi parol la di pou nou preche lè li bon, lè li pa bon.

    Sa vle di se pou nou preche otan souvan posib. Epi

se pou nou sonje pawòl Francis de Assisi «Preche Levanjil toutan, epi si nesesè sèvi ak pawòl.» Sa vle di sa nou fè pale pi fò pase sa nou di.

3. Kompran ke chak moun diferan. Malgre sa pran pasyans, se pou nou koute moun ak respè, menm si nou panse otreman! Kòm Sen Pòl di nan Efèz «Se pou nou janti yon ak lòt, genyen ke touche, ap padone yon lòt, menm jan ke Bondye padone nou pou lanmou Kris.» Si nou enpe pi poli, sa va ede.

4. Nou pa pou fè komante sou tout bagay. Pafwa, nou dwe rete pe, tankou lè moun fin preche.

Viktwa sou kembe nan kè

Imedyatman apre li te montre disip li kouman pou yo priye, Jezi te di yo pran gad pou yo pa kembe moun nan kè. Li di moun ki p ap padone lòt moun p ap padone pa Papa nou ki nan syèl la.

Pinga malkompran sa li di. Kretyen p ap pèdi sali yo lè yo refize padone moun. Non, men yo p ap alèz; yo gate lyen pre ak Bondye paske mank repanti anpeche konfesyon ak repantans. Senyè a pa ka inyore peche, epi Lespri li va fè nou pa alèz epi nou a sonje ke nou pa padone moun nan jis nou regle sa.

Padon se plis yon aksyon volonte nou olye ke nou. Souvan, moun pa genyen pitye pou moun ki fè yo mal, men kembe nan kè vini yon gwo chay. Senyè a konnen ke padone pi bon, menm lè li difisil.

Ou p ap regle afè peche jis ou wè li menm jan ke Bondye wè li. Donk, se pou ou pran responsabilite ou pou sa ou kembe nan kè, epi sezi ke ou vyole pawòl Li. Mande li ba ou don mizerikod Li genyen pou peche, epi fè ke ou kapab pa fache ak lòt moun epi kembe yo nan kè. Epi, si ou santi li bon, mande yo padon pou jan ou te fache.

Yon lespri amè ak kembe kont pa fè pati sa nou dwe ye an Kris. Epi li pa bon pou sante nou pou nou viv toujou fache. Se pou sa ke la Bib di byen fò ke nou bezwen padone. Chwazi pou nou libere de chay nou. Jezi te pwomèt fè nou lib de tout chay lè nou remèt Li tout peche nou (Jan 8:36).

YON PRIYÈ POU INITE

JAN 17:23

«Mwen nan yo, epi ou menm ou nan mwen, pou yo ka vin pafe nan inite, pou le mond kapab konnen se ou ki voye m, epi ke ou renmen yo menm jan ke ou remen mwen.»

Souvan, lè nou nan pi gran bezwen epi nou anba estrès, nou tonbe fè dispit ant nou epi nou bliye sa ki reèl lenmi nou. Nou di bagay ki blese, gate lamitye, epi li difisil pou padone epi avanse.

Se nan tan sa yo de tansyon ak lit ke nou bezwen plis ke pa janm ini kòm yon sèl, byen fò. Epi nou mete Sèten nan tan sa yo ke Satan ap lite pi di paske li konnen lè nou ini ke se lè sa a ke nou kapab fè plis efè nan mond lan.

Li konnen ke nou pi fò lè nou ini ap ede yon lòt. Li konnen ke nou genyen kouray epi nou brav lè nou ap kouvri yon lòt nan lapriye. Li konnen ke li pa ka konfwonte inite de kwayan an Jezi Kri. Li pa fasil kase kòd ki genyen fil antremare.

Se pou sa a li ap redi pou li travay pi rèd, epi li la nan mitan dispit nou, ap ankouraje li. Li ri sa ki pa bon, a mechanste, kouri, voye woch ak vyolans. Li genyen plis enfliyans lè nou bliye ke se li ki koz dispit.

Pinga dòmi sou sa a; plan Satan genyen lespri malen epi kriyel.

Li ka tòde pawòl ak verite, ap twoke yo pou manti epi ap chofe dife. An chwazi mete lide nou yo sou kote epi gade pi gran bi de lavi sa a, ki pou onore Kris kòm Wa. Nou p ap janm dakò sou tout pwen, epi sa pat pa janm bi lavi a. An chwazi pou viv la verite ki ekri «Ke tout bagay fèt ak lanmou» (1 Korint 16:14).

Tout sa nou fè, tout sa nou di, tout sa nou reprezante, an fè tout ak lanmou. Ka, lanmou pafè ki soti nan Kris kwape perèz. Epi se sa a ki ba nou fòs pou avanse, ak fòs pa Li, antoure ak lapè, ak zye nou sou Li menm ki ba nou souf nou chak jou, epi nou va rampli ak inite nan peyi nou. Ke Bondye beni nou ak lapè pa li nan nasyon nou. Ini nou va kampe, nan lanmou de Kris.

VIKTWA SOU WONT

JAN 3:16-17

Pafwa, moun santi wont lontan apre yo te dwe bliye peche a. Genyen moun ki ta dwe santi yo koupab, paske yo kontinye nan menm peche a. Men genyen lòt moun ki soufri wont pou peche ki gentan padone. Swa youn ou lòt, plan pou kombat wont peche se menm plan.

Viktwa sou wont komanse lè nou konnen ke Jezi te pran wont pa nou sou la kwa, epi li te peye penalite pou peche nou yo. Pa genyen oken jan nou ka peye pou peche pa nou. Men fòk nou rekonèt onètman sous wont nou an, epi konfese li devan Bondye. Konsa, nou dakò ak jan Li wè nou te fè. Konsa, nou admèt ke nou te aji mal.

Repanti plis ke sa a; nou admèt lè nou aji mal, epi nou abandone lè mal epi nou chwazi pito pou fè byen. Konfwonte peche konsa ramplase wont nan kè nou ak lapè epi ak la jwa ki pi leje epi ki fè nou lib. Nou ka pale moun zalantou afè erè nou ak konsekans erè yo, chay wont nou ak padon ke nou resevwa nan men Senyè

a. Pa temwagnaj nou, lòt moun ka konstate fason pou yo libere de wont peche pa yo.

Batay pou venk wont pa dwe tann demen. Wont la p ap soti pou kò li. Menm si ou pa dwe toujou santi wont peche ou, li dwe konfwonte imedyatman. Nou dwe sispan chache bliye wont nou epi komanse mache nan jwa de benedikson Bondye.

PRAGMATISM?

Mwen nan yon gwoup konseye pou yon inivèsite. Denyèman, yo mande m ki bagay ki menase legiz jodi a, epi m te reponn «pragmatizm». Li se lide ki di ke yon aksyon jistifye metòd ki fè aksyon an reyisi. Si yon bon bagay se rezilta, sa ki fè li reyisi pa enpòtan. Paske pragmatism tèlman aksepte pami kretyen, chak fwa mwen mande etidye moralite yon aksyon, mwen ofanse plizyè moun. Mwen pa renmen ke moun pa alèz ave m, men li pi mal si mwen pa mande yo etidye moralite aksyon an. Ou va konprann ke mwen genyen pou ofanse kèk moun.

Genyen petèt nèf ane ke te genyen yon liv ki te parèt epi li te trè, trè popilè. Osi, yo fè li sije yon sinema. Plizyè legliz ankouraje jen yo pou yo ale wè sinema a, etid biblik ak fomul pou etidye li gentan fèt, epi piblisite fèt pou li sa van ampil kopi pannan li popilè. Men, lè ke liv la parèt, mwen te pwoteste li pou tèt kouman li presante Trinite Bondye kòm twa moun. Men, ampil moun te kontan, lè yo li liv la.

Genyen moun ki di li te bon pou moun ki genyen pwoblèm paske relasyon ak papa yo pat bon, men li fè yo renmen Papa Bondye. Istwa sinema sa a eseye montre twa peson Trinite a kòm twa moun. Kris se moun. Li se Bondye, epi li devni lòm. Men, Papa a pa moun epi Espri Sean an pa yon moun. Bondye te di pinga fè pòtre li paske nou pa ka fè pòtre li san fè blasfèm.

Sinema sa a sipoze touche ke moun ak lanmou Bondye pou nou. Èske li biblik? Se fasil pou di ke la Bib di non.

Egzòd 20:4 di «Pinga fè oken pòtre taye ou bagay ki samble anyen ki nan syèl, ou sou latè, ou byen ki nan dlo sou latè

Mwen li kritik sa a epi mwen sonje ke nan yon teyat jenès legliz Femat, Frè Saul Dastine, yon manm aktif nan legliz la, te mete koton trè blanch, tankou yon bab, pou represante li kòm granmoun Papa Bondye. Jou sa a, te genyen jenn ki konvèti paske yo te wè ke yo te manke devan Bondye. Èske sa te bon pou Saul represante Papa Bondye? Genyen pafwa yon aksyon pa idolatri ni blasfem. Sèlman, nou pou wè si li bon nan yon sitiyasyon patikilye.

PLAN BONDYE POU LAJAN NOU

MALACHI 3:7-12

Le mond plen dezòd, konfizyon, ak mank plan pou menm jodi a. Men nou menm ki nan Jezi genyen yon asirans Sèten ke Bondye ap dirije tout bagay. Lè li te kreye latè ak syèl la, Li te genyen yon plan ke Li te exekite an detay. Senyè a genyen yon plan pou nou chak, epi Li wè tout aspe sa nou fè anba zel lanmou Li.

Yon aspè vi nou ke li veye se finans nou. Si nou swiv plan pa Li pou vi nou, li pwomèt okipe kòb nou. Kilès ki ka konnen kouman pou nou fè pi byen, nou menm, ou byen Bondye? Li pwomèt si nou ba Li dim nou, ke Li va fè rès la sifi, menm plis pase sa nou te espere ke total la ta ye.

Donk, ki bagay ka fè nou pa obeyi epi ba Li dim nan? Se sèlman si nou pa ka kwè Li, malgre pwomès Li! Nou panse ke petèt nou va genyen pwoblèm manke si nou bay Dim nan. Senyè a ap chache fè ou genyen li konfyans. Nou kwè fasilman pou li sove nou, men nou fasilman manke li konfyans nan afè kòb. Obeyi l, epi wè ki jan Li fidèl!

Chwazi pou sa ki inevitab

Ebre 9:27-28

Genyen ampil bagay pou chwazi nan lavi, sitou pou moun k ap viv nan yon peyi ki genyen ampil libete. Nou ka chwazi kote nou va viv, ak kilès moun nou va marye, ak kisa nou pral fè pou viv. Nou fè bagay sa yo selon lide nou, men nou pa genyen oken kontwòl sou ki lè ou byen koman nou va mouri.

Adan ak Èv, premye moun yo te aktyèlman genyen yon chwa ant lanmò ak lavi. Lè ke Bondye te di Adan «Pinga manje fwi de pye bwa de byen ak mal.», Li te di «paske nan jou ke ou manje ladan l, ou va mouri, pou Sèten.» (Jenèz 2:17) Men, Adan ak Èv te manje nan fwi la, epi peche ak lanmò ap akompagne ras lòm konstaman, depi lè a. Nan lis moun nou li ki vini apre Adan, nou li apre non chak «epi li te mouri.»

Malgre nou pa ka chwazi si n ap viv ou byen n ap mouri, te genyen yon lòt moun ki te kapab. Non li se Jezi Kris. Nan liv ki ekri pa Jan, Li di nan Jan 10:17, 18 «Mwen depoze vi mwen pou m sa repwan li ankò. Peson pa wete l nan men m.» Jezi, Etènèl Pitit Bondye te chwazi pran kò lòm pou li te kapab mouri sou la kwa kòm yon sakrifis pou peche ras lòm.

Paske Jezi te chwazi lanmò, yon moun kapab genyen lavi etènèl si li kwè nan Li. Kò nou va mouri yon jou, men si nou konfye nan Kris ak lanmò Li kòm peman pou peche pa nou, nou va resisite menm jan ak Li, epi nou va viv nan syèl la ak Li pou toujou.

Lanmò ak jijman
pa genyen negosye

Pa Billy Graham

Nou pral mouri. Nou tout pou jije. Lagè pa fè plis moun mouri. Èske ou te konnen sa? Panse; sèlman genyen moun ki pou mouri avan lòt. Te genyen plizyè mil solda ki te mouri lè yo te anvayi plaj Normandy nan ge kont Nazi yo nan 1945. Epi mil sou mil moun mouri na lagè nan Iraq, Vietnam, Kore ak ampil lòt kote. Men sa pa agrandi chif moun ki mouri, paske nou tout genyen pou mouri, nou pral jwen yo nan lanmò.

Men, lè nou mouri, nou pral separe. Kèk va pèdi etènèlman, epi kèk va sove etènèlman. Nou sove pa Jezi si nou fè li konfyans, si nou mete lafwa nou nan Li. Jezi renmen nou, epi Li te ale pare yon plas pou nou. Epi, Li pral retounen! Èske ou pare?

Akontabilite

Jak 5:13-16

Genyen plizyè kote ke la Bib di nou pou fè yon lòt konfyans. Men, ampil moun twouve ke sa jenan pou fè lòt moun konnen bagay ke yo kenbe trè prive. Konfesyon konsa samble ke li ta yon ampèchman a plezi, prosperite, ou byen prestij. Pi fò moun pa vle lòt moun konnen zafe yo.

Men la Bib fè li trè klè ke kretyen pou sipòte yon lòt konsa. Li ekri pa ti frè Jezi nan Jak 5:16 «Donk, konfese peche nou youn ak lòt, epi priye youn pou lòt pou nou sa geri.»

Akontabilite nan kò de Kris se yon prensip biblik. Manm legliz dirije pa pastè yo (Ebre 13:17). Pòl di nou yon koute lòt (Travay

14:27. Timote te sou lòd Pòl (1 Timote 4:13-16). Sètènman, apot yo te sou lòd Jezi. (Lik 10). Epi menm Jezi te sou lòd Papa li. (Jan 8:28-29) Epi, Bib la di nou ke tout legliz la sije a Senyè a Jezi Kri. (Efèz 5:24) Tout moun nan nenpòt wòl sou kont yon lòt. Epi sa vre pou tout manb, tout pastè, epi menm Jezi ki te sèvi Papa li.

Genyen moun ki evite akontabilite pou yon ou lòt rezon, tankou logèy, inyorans, krent, ou byen lide endepandans. Sa se yon atitid egoyis ou byen ogeye ki trè danjere. Lenmi nou konnen feblès nou chak epi kouman pou li fè nou tonbe. Men, ak sipò moral zami ak lapriye yon pou lòt, nou ka gagne li. Genyen fòs nan inyon de kò de Kris. Yo konn di ke vi nou ak aksyon nou se sèl

Bib ke ampil monden pral li!

TOUT KRETYEN SE PRÈT

REVELASYON 5:9-10

Selon lez Ekriti, yon moun ki kwè se sitwayen syèl la (Filip 3:20). Sa pa di ke nou pral sitwayen nan wayom etènèl nan tan kap vini an; nou deja sitwayen la! Pliske sa, lè moun konfese ke Jezi Kris se Senyè yo fè pati prèt pa Bondye.

Nan lansyen koutim Izrayèl, prèt yo te sevitè Bondye tout pwisan, ak privilèj espesyal. Prèt yo te fè tout travay ki te pou fè pèp Izrayèl respekte la lwa Bondye, pou adore li epi onore l, epi pou fè ke yo tou te byen spirityelman. Yo te pran swen tamp la, ofri sakrifis epi priye pou la kominote.

Lè Jan te ekri nan Revelasyon Chapit 1 ke ou menm ave m se prèt, li t ap di ke nou sou rann ak moun ki separe kòm sevitè Bondye. Sa se yon benediksyon de Senyè a ak yon apèl pou adore l, pou onore li epi pou asire ke Non Li resevwa tout glwa. Osi, devwa nou kòm prèt Li fè nou responsab priye pou lòt moun ke yo va sove.

Yon travay prèt ke nou pa genyen pou fè se sakrifis bet. Bondye Li menm te ofri sakrifis final la sou la kwa de Kalve, lè ke Pitit Li te mouri nan plas nou. Travay pa nou se fè temwagnaj patou de lanmou Li pou tout moun. Lè nou sezi verite ke Bondye gade egalman chak pitit Li, ak lanmou san distinge menm sa ki soti nan pi sal peche, nou pa ka pè paske kretyen espesyal nan zye Bondye ki Wa. Nou se yon pèp sakre, yon sosyete sen. Kisa ou ap fè ak vi ou? Kòm kretyen, èske ou mete tèt ou ankò (1 Korint 6:19)? Ou se yon prèt ak yon sevitè privileje de Bondye lè Pi Wo.

TAN PA OU SE LAVI OU

EFÈZ 5:14-17

Lavi nou gouvène pa tan nan mont, joune, kalandrye ki gouvène aktivite nou. Minit yo pase si vit, ke nou mande kote joune sa a te ale! Lè ke presyon responsabilite nou yo ampil, nou plen kè nou pa genyen tan pou fè tout sa! Men la verite se ke Bondye ba nou exakteman tan ki sifi pou komplete exakteman plan ke Li genyen pou lavi nou. Etidye sa ki ta pi enpòtan, si n ap sèvi tan nou pou akompli sa nou vle ou byen pou sa Li vle.

Tan se yon kado de Bondye, epi Li bay nou chak yon mezi tan pou viv epi pou akompli bi pa li yo. Nou genyen sèlman de chwa – pou depanse li pou lè moman pou entere pa nou yo, ou byen pou letenite. Sèten, lè tan pa ka repwan n, ou byen nou pa ka retounen deye epi pase li yon lòt jan. Li ijan ke nou fè lè mye de chak opòtinite ke Bondye bay.

Fason pou ou travay pou letenite se pou swiv plan Bondye pou vi ou, pa sèlman rampli joune ou yo ak aktivite. Jezi te genyen sèlman trantwa zan pou viv sou Latè, epi sèlman twaz an pou rampli ministè li kòm lè Mesi. Men, Li te akompli tout sa ke Papa li te ba Li pou fè. Se pou sa li te kapab di «Se fini!» lè li te sou la kwa. (Jan 19:30)

Bib la kompare lavi terest nou kòm yon vapè ki parèt pou yon ti tan, epi li disparèt (Jak 4:14), men lavi etènèl pa janm fini. Se sotiz pou pase vi ou sou yon nwaj, lè ou ta ka rekolte benefis san rete. Si ou swiv volonte Bondye duran tan ke ou ap fè isit. chak jou se yon opòtinite pou chwazi.

PERÈZ SE YON CHAY

Lè ke pèp Izrayèl te rive sou peyi Bondye te pwomèt yo, perèz te pran yo. Epi paske pèp Izrayèl te refize konfye nan Bondye, epi avanse pou pran peyi la, yo te oblije pwonmennen nan dezè pou karant ane. Moun yo ke Bondye te ofri bèl peyi sa pat janm wè li. Nou pèdi opotinite lè nou pèmèt perèz depase lafwa nou.

Yo te wè lenmi pi gwo neg epi pi fò pase yo, epi yo pa te konn fè lagè. Paske nou pè eseye sa nou pa konn fè, tout moun ka genyen moman nous santi nou pa alèz lè nou konnen ke nou pa kapab. Donk nan lavi kretyen se pa si nou kapab, men ki jan nou va reponn lè nou anfas defi ki pliske sa nou ka fè.

Nou ka panse tankou pitit Izrayèl yo ak perèz, epi nou mete espere fayi. Lè ke obstak grandi lan tèt nou, nou a genyen tandans kouri kite li. Abandone travay ke Bondye ba nou p ap mennen nou nan yon pozisyon sekirite, men nan yon plas de mize. Si nou lese perèz kontwoòle desizyon nou yo, nou va toujou santi nou pa kapab, epi panse konsa va kontwòle vi nou ak destin nou.

Lè ke Bondye ba ou yon travay ki depase abilite ou yo, olye swiv perèz ou, apiye sou sa ou konnen de Bondye ak pwomès li yo.

Si ke ou avanse ak lafwa malgre ou manke, ou va wè ke Senyè a fidèl. Li ede nou akompli travay li ban nou.

YON VI BYEN PASE OSWA MAL GASPIYE

LIK 12:15-21/EBRE 10:30-31

Lanmò inevitab, men li konn siprann nou. Petèt ou konnen yon moun ki te mouri sanz atann. Men yon parabòl de miz an gad yon tel sitiyasyon. Jezi rakonte afè yon nonm ki te viv alèz epi ki te ranmase ampil byen ki bay privilèj sosyal, men li te panse sèlman de lavi isit sou la te. Lanmò te vini siprann li epi li pa te ka bote anyen ak li ! Bondye te rele li yon nonm ensanse paske li te viv pou tèt li sèlman.

Malgre le mond te gade nom nan kòm gran neg, li pat genyen okenn relasyon ak Bondye, epi li pat fè okenn depo richès nan wayom Kris. Tout trezo li te san vale lè li te mouri. Sa ki pi rèd, san relasyon ak Jezi, li te separe ak Bondye pou letènite, yon gaspiyaj tris de yon vi.

Lè nou panse de chwa nom nan, genyen de kesyon ki enpòtan pou nou tout reflechi. An premye; si nou mouri jodi a, èske nou va rive nan syèl? Tout moun sove gratis ki aksepte Jezi kòm sèl pòt la. Li se sèl Chemen la. Oken eskiz ni kwayans sensè nan oken lòt chemen va valab. Epi, Jezi pwomèt ke menm moman kwayan mouri, yo nan prezans Li. (2 Korint 5:6)

Ankò, kisa lavi nou ap akompli? Èske nou pouse pa bi pesonel, ap samble byen, sekirite ak prestij? Ou èske nou anvi fè moun konnen envitasyon Bondye kan n ap sèvi li ak moun nou rankontre?

Menm jan ak nom rich la, nou pa konnen ki lè nou va mouri.

Men nou konnen ke lanmò inevitab. Malgre mouri se yon bagay dezagreyab pou pale, etenite long ampil epi li merite atansyon nou! Sèten, se saj pou konnen ke nou pa anba kondanasyon, epi pou fè preparasyon de yon plas nan wayom Bondye pou letenite. Kòm yon pozisyon pratik pa genyen yon bagay ki pi bon pase nan prezans Kris pou letènite. Epi sa pa koute anyen.

OFRANN KI POTE FWI

2 KORINT 9:6-15

Si ou ta genyen chans vizite Izrayèl, ou ta wè diferans ant efè Rivye Jouden ak Lanmè Mòt. Rivaj Jouden plen pye bwa ak vedu, men pa genyen anyen k ap viv pre Lanmè Mòt. Se paske pa genyen soti ladan li. Tout dlo ki antre rete, seche, epi sèl yo pwazone dlo yo.

Sa se pòtre diferans de plan izaj kòb. Lanmè Mòt tankou system le mond ki baze sou ranmase byen pou moun sa genyen sifi, men rezilta sa se ke vi moun nan nul. Yo pat wè ke samble byen fè vi yo mouri spirityelman, san fwi ak rezilta ke plan Bondye ta ba yo.

Lan izaj byen pa Bondye genyen yon rivye ki kouri kontinyelman. Kan pwovizyon Li yo koule nan vi nou, nou pase yo a lòt moun. Rezilta se yon vi ki pote fwi ki ap elaji wayom Bondye. Nou wè ke li bay «pen pou manje» a moun ki bay, men osi ke Li va bay «semans pou simen» (vèsè 10)? Li bay sifi pou viv ak sifi pou bay.

Èske ou anpeche ke ou grandi spirityèlman, ap simen chich? Si ou devni yon moun ki bay ampil, Bondye pwomèt «agrandi rekòt jistis ou» (vèsè 10). Genyen bezwen nan legliz ak nan mond lan ke Li vle rezoud pa jenerosite ou. Lese benediksyon yo pase pa ou menm. Richès Bondye bay se sa ki soti nan kè pitit Li souri, mo jwaye, tout men, ak pafwa manje ou byen ti kòb.

REKOMPANS SEVITÈ

EBRE 6:10

Nan gras Li, Bondye bay lè sali libreman a tout moun ki kwè nan Jezi. Nou pa ka travay pou gagne kado sa, ni nou pa merite-l. Men, Papa nou wè bon zèv nou, epi Li pwomèt ba nou rekompans selon sa nou fè pou Li.

Vre sèvis fèt lè nou lese Senyè a travay, ap sèvi-l pou glwa-L ak one-L. Vre ministè fèt lè nou lese Bondye sèvi ak nou pou glwa Li. Resous diven rampli bezwen lòt moun pa lanmou kretyen.

Revelasyon 22:12 ankouraje nou, «Men, m-ap vini ak vites, epi rekompans mwen ak mwen, pou rann chak moun selon sa li fè» Piti ou byen gwo, tout sèvis fèt nan Non Jezi va beni. Men, fòk sa nou fè se pou glwa Jezi, se pa pou fè wè. Fòk nou pran swen ke tout aksyon nou pou glwa Jezi. Si se pou glwa pesonel, sèl benefis nou a jwen se lwanj moun pandan vi sa-a. Epi nou konnen ke lwanj moun pa dire, ni li pa satisfe.

N-a jwen kèk rekompans nan syèl la, men n-a wè kèk pandan vi sa a osi. Pou egzanp, nou konnen gran jwa lè ke Senyè-a pèmèt nou beni lòt moun nan Non Li. Nou genyen gran satisfaksyon lè ke nou pèmèt Bondye sèvi ak nou konsa.

Epi, nou kontan ampil lè nou wè ke Kris kontan ak nou. Osi, nou santi ke nou fè yon bagay de gran vale lè nou fè yon moun konnen Jezi epi fè li konnen kouman pou li mache ak Jezi pa lafwa.

Sèvi lòt moun bon pou kretyen, epi li se yon gran responsabilite. Nou dwe gade nan kè nou pou wè si se sèten ke nou vle glorifye Kris. Sèlman lè sa-a nou va resevwa benediksyon Bondye isit ak nan Letenite.

AFLIKSYON

RESANSMAN 11:11

«Pouki ou aflije sevitè ou?» Papa nou nan syèl la ba nou ampil traka pou teste lafwa nou. Si lafwa nou genyen valè, li va montre sa lè li teste. Papye pè dife, men lò pa pè li. Dyaman grave bijou ki san vale, men vre bijou pa twouble.

Se yon lafwa ki san valè ki genyen Bondye konfyans sèlman lè zanmi li fidèl, lè li an sante, epi zafe li bon. Men vre lafwa kembe fem lè zanmi abandone, lè li malad, lè li trist, epi lè bèl Limyè Papa Nou kache.

Yon lafwa ki ka di lè bagay grav «Menm si Li touye m, mwen va genyen li konfyans.» se lafwa ki soti nan syèl. Senyè a aflije sevitè li yo pou glorifye tèt Li, paske Li glorifye ampil nan gras pèp Li genyen, ki montre travay men Li. Lè «tribilasyon kreye pasyans, epi pasyans bay eksperans, epi eksperiyans kreye espwa, Senyè a onore pa vale fidèl sa yo ki ap grandi.

Nou p ap janm konnen ki mizik yon enstriman ka bay si mizisyen pa jwe l, ni konnen gou ji rezen si rezen yo pa peze, ni bèl odè kanel si li pa pile, ni chalè yon recho si chabon an pa boule. Sajès ak pouvwa Gran Kreatè nou dekouvri nan egzamen ke le mond wè ouvriye li pase.

Afliksyon jodi a genyen tandans bay la jwa apre. Fòk genyen lombraj deye pou bèl vizaj parèt nan foto. Èske nou ta tèlman santi nou beni nan syèl la si nou pa te konnen madichon ki sou peche ak tristès sou latè? Èske lapè p ap pi dous apre konfli, epi repo apre travay? Èske sonje soufrans p ap agrandi la jwa moun nan la glwa? An panse konsa.

Nan Sòm 63:1, David te ap tann nan dezè lè li di «Bondye, se ou ki Bondye mwen. Jan m anvi wè ou! Jan m ap tann ou sa a! Se tout kò mwen ki ap mande pou ou, tankou tè sèk nan solèy k ap tann lapli.»

BATÈM IDANTIFYE NOU AK KRIS

MATYE 1

Kris komanse ministè piblik Li ak batèm. Nan menm tan, Jan Batis t ap envite pèp la vini konfese peche yo, epi montre repantans piblik pa imesyon nan Rivye Jouden. Kesyon ki poze se «Poukisa Jezi, ki san peche, te mande batèm?»

O debi, Jan te refize paske li te konnen ke Kris te «Ti mouton Bondye ki wete peche tout moun» (Jan 1:29). Men Jezi pa te ap montre repantans. Li t ap montre pa yon senbòl sakrifis tèt pa li pou moun ki pechè.

Paske nou se kretyen, nou pou swiv egzanp Li nan tout bagay, ap samble li plis pandan ke n ap devlope lafwa nou. Sa se rezon pouki batèm se premye pa nan swiv Jezi. Menm jan Li te vle idantifye li ak nou, nou pou idantifye an piblik ak Li, lè nou batize.

Se yon senbòl ke n ap declare: «Mwen pran Kris kòm Sovè mwen. Mwen kwè ke Li te peye tout det peche mwen pa sakrifis Li. Mwen kwè ke Li te resisite pami mo yo, epi mwen osi va resisite pa Li. Mwen espere mache selon volonte Bondye sou Latè, epi mwen espere viv ak Li pou letenite. Depi li te renmen mwen tèlman ke Li te declare lanmou li pou mwen lè m te nan peche, mwen va swiv egzanp Li kou nou ye a, ak pou rès vi mwen.»

Batèm montre pa sèlman ke nou ini ak Kris, men osi ak frè ak sè nan lafwa, lan tan pase, o prezan, ak nan tan kap vini an. Nan batèm nou ini ak tout moun ki deja mache nan lafwa, lè nou di nou se manb yon sèl kò, rachte epi ap viv pa menm Senyè a.

BONDYE AJI POU NOU

FILIP 4:6-7

Nou tèlman abitye prese fè nan mond sa a, ke nou vle ale vit nan vi espirityèl nou tou! Men nan Ezayi 64:4 nou wè li di «Bondye aji pou moun ki tann Li.» Kretyen saj tann pou wè fwi travay Bondye.

An gade twa rezon pouki Li mande nou tann. An premye, Bondye kapab ap pare nou pou nou sa resevwa benediksyon Li. Petèt nou bezwen kèk nouvo abilite, ou byen plis maturite. Pafwa, moun bezwen plis konprann espirityèl avan ke men yo pare pou kembe pozisyon ke yo vle. Pou egzanp, David te tann trant ane avan li te chita sou pwop twòn pa li, men lè sa a li te yon wa ki te fò epi saj, epi li te konnen lagè.

An dezyèm, Pè Etènèl la souvan ap montre pitit Li yo pou yo genyen li konfyans. Kouman kretyen pa ta janm aprann lafwa si Bondye ta bay imedyatman chak bagay ke yo mande? Nan lavi mwen, Senyè a di souvan «Genyen m konfyans,» epi Li pa janm an reta pou okipe bezwen m. Nenpòt jan ke nou kouri devan Bondye, se kòm si nou di «Mwen pa genyen li konfyans!»

Finalman, Senyè a konn poko bay benediksyon li pou pwoteje nou de yon danje ke nou pa wè. Nou ka pa janm konnen kòz delè a, men nou mete asire ke Bondye etidye byen sa ke nou vle, avan ke li ba nou li.

Se pa fasil, sitou kote tout bagay ap mache vit, pou tann. Men, kouri devan Bondye gate plan pa li. Kretyen ki fè sa a pa satisfe, epi souvan yo rekolte rezilta terib. Se poun genyen pasyans pandan ke Bondye ap travay. Se fason pa li ki pi bon.

BON LIDÈ FÈ KALME KRIZ

Genyen de lè ke yon lidè genyen pou konnen kouman fè, lè genyen kriz ak kont. Se pa yon plezi, men li trè nesesè epi enpòtan. Fòk yon moun enteg pou kampe di sa ki bon, menm si li pa popilè.

Lè atak 11 Septanm 2001 nan New York, 90% adilt Ameriken te sibi estrès, 44% te trè mal afekte, epi 6% plis te ale legliz! Pitit yon pastè ki te tou pre atak la, tè rakonte kouman plizyè zami li te antre lan travay legliz. Se te yon tan difisil pou Prezidan Bush, chèf police New York, ak tout tèt legliz yo, men, yo te travay pou kalme pèp la.

Fòk nou byen konprann ke travay nou se pataje espwa la rezireksyon ak nouvo vi a. Sa te kalme frè nou ki ekri etid sou sa a lè li te oblije pran tretman pou kansè.

CHWAZI LAFWA OLYE PERÈZ

Te genyen atak joumal kont yon lekòl katolik lè etidyan yo te fè yon rasambleman. Yo te reaji trè saj paske yo te reyini pou pale kont jete pitit. Men, joumal kontinye atake etidyan yo, epi kèk moun te menm menase yo. Pandan period sa a, legliz, lekòl, ak paran yo, youn pat reponn pou sipòte etidyan yo. Sa te montre yon feblès. Yo te pè kont ak moun de move lide. Granmoun te dwe pran egzanp sou ti moun bon kalite sa a, epi pale pou lè byen. Tout bon mouvman pran fòs lè moun de byen defan lè byen, ap pale ak bon sans.

Jou sa yo ke n ap viv genyen ampil rezon pou moun ka pè. Tout latè samble li toujou nan yon eta ajite, ak lagè. Travay pa fasil pou twouve, dezast siklon ak trambleman kraze, epi nou tande chak jou de zak kriminel. Kòm Kretyen, nou konnen ke perèz pa genyen dwa pran plas nan vi nou. Èske nou kapab di nou pa pè le mond?

Aktyèlman, genyen de chemen pou swiv lafwa ou byen perèz. Li emposib pou nou fè Bondye konfyans, epi o menm tan pa fye li. Yon lòt jan pou di sa a se ke ou pa ka obeyi li epi dezobeye li o menm tan. Pou pa obeyi li nèt se dezobeyi li. Donk, kilès wout ke ou chwazi?

Genyen moun ki kwè Pawòl la Bib epi kwè nan Bondye, men y ap viv nan perèz. Lè yo wè lòt kretyen soufri, yo mande si sa te ka rive yo tou. Yo wè yon frè pèdi travay li, epi yo mande si sa ka rive yo tou. Moun mouri nan yon aksidan machin. Yo pè ke sa ta rive yo tou, men reflechi konsa fè ke yo mete sikonstans lan plas Bondye.

Si ke Satan fè ou reflechi konsa, li pran kontwòl tèt ou. Men, lè ou reflechi sou Bondye ki anwo tout bagay, ki dire sikonstans la, ou gagne batay la. Bib la di nou «Bondye pa ba nou yon lespri timid, men lespri de pouvwa, lanmou ak disiplin. (2 Timote 1:7).

Papa Bondye konnen tout lè ke nou pa jwen sa nou te espere, tout soufrans, la pen n, perèz ak dout. Li toujou la pou ankouraje nou epi pou ede nou konprann ke Li sifi pou tout bezwen nou. Lè nou aksepte verite sa a, lespri nou poze trankil.

Pasyans Bondye

Èske ou konn repouse konsyans ou lè li repwoche ou paske ou peche? Petèt ou panse si Bondye te tèlman pa kontan, li ta fè ou sispan fè l! (Sòm 50:21) sonje nou ke silans Bondye pa di Li dakò. Rete nan peche se abize pasyans Bondye.

Lè ke nou pa wè Bondye reaji, petèt nou swete ke Li femen zye li sou peche nou. Nou ta pito kontinye nan peche paske plezi imedyat la pi dous pase obeyi. Men nou mete remesi Senyè a ke

Li konnen tout feblès nou yo, kouman nou fèt tou chanel, epi kote nou ye nan devlopman espirityèl. Konsa, Li mezure repons Li. Paske nan lanmou Li, Li vle wè n retounen a jistis, Bondye pa pini nou imedyatman. Epi li tann pou Sent Espri li sa touche ke nou, pou li fè nou wont peche nou ki se yon envitasyon sispan fè mal epi retounen fè selon jistis.

Men, nou se yon pèp tèt di. Genyen de lè ke nou pesiste nan peche paske li pa pini vit (Eklezyas 8:11). Nan sitiyasyon danjre sa a, nou tèlman nan peche ke ke nou di, epi apèl Sent Espri a twouve zorèy nou soud.

Bondye pa sèlman pasyan ak pitit Li; Li montre nou menm ki peche lanmou Li epi li envite nou aksepte li. Men, souvan peche yo abize pitit Li ou byen yo abize pasyans Li, epi l frape yo ak kole li.

Li trè pasyan ak pechè k ap aprann afè padon Li oswa lespri li. Men si yon peche trete of li frivolman, souvan Bondye wete yo toutswit. Pastè Wood ki te trayay nan nò te pale de yon jenn nonm O Cap ki di li va konvèti Jedi, epi yon kamyonet touye li Madi.

Kan nou aprann plis afè Bondye ak jan Li sèvi, nou vinn pi responsab viv dapre jistis Li. Senyè a pa lant; Li pasyan! Pinga abize pasyans Li ak mepri pou règleman li yo. Moun ki repanti viv nan sentete devan Senyè a.

DESIZYON

Danyèl ak zami li yo te nan menm pozisyon ak nou menm jodi a - kouman pou viv yon vi sen nan mitan yon sitiyasyon payen. Sosyete Ameriken te aksepte kondwit ak panse kretyen, men tan sa a fin pase. Kretyen Ameriken genyen pou viv sou lòd Bondye, epi o menm tan pou obeyi la lwa peyi yo. Pafwa, yo oblije chwazi kilès ke y ap obeyi. Si nou chache volonte Bondye avan ke nou bay otorite yo defi, Li ka ouvri lòt chemen. Si Danyèl te declare ke li pa t ap manje nouriti ofisyèl la, petèt li t ap mouri epi nou pa t ap genyen istwa li!

Nou genyen tandans gade Danyèl ak twa zami li yo kòm moun ekstraòdinè ki te viv de vi ekstraòdinè. Men, èske ou etidye sa ke Bondye kapab fè ak yon moun semp kouwè ou? Bagay ki enpòtan se pa ke yon moun genyen gran plas sosyal, men pito se desizyon li pou sèvi Bondye ki kapab fè gwo kichoy nan yon vi ki antyèman pou Li. Se moun konsa Bondye ap chache.

DESIZYON BONDYE PI BON

Si ou tante panse ke Bondye pafwa ta kapab fè kichoy pi byen, eseye panse sa ki pou rive pandan lane sa a. Èske ou konnen kilès moun ki pral fè aksidan? Èske ou konnen kilès moun ki pou a la tèt klas li? Sa ki ka rive twòp ampil pou kalkile. Sonje ke nan liv Ezayi, Bondye te toujou di kisa li t ap al fè. Konsa, lè li rive, nou te konnen se te travay Bondye.

Men, pafwa yon moun manke konprann sa, pou egzanp Wa Nèbikadneza nan liv Danyèl chapit 2, nou li ke li te fè yon rèv ki te fè li tramble. Wa a te rele tout majisyen li yo pou mande yo rakonte li rèv la epi explike li tou. Li te panse si yo pat ka rakonte rèv la, li pat ap konfye yo nan entèpretasyon l! Natirèlman, yo te sote paske yo pat konnen rèv la. Danyèl sove yo. Li rakonte rèv la, epi li entèprete li tou. Avan fen chapit la, Wa a te a jenou, figi atè devan Danyèl ki te yon kaptif soti peyi Israel, yon choz ki te fè li sezi.

Men, nan chapit 3, Nèbikadneza te eseye fè kòm si rèv la konsene tèt li, olye afè Bondye! Sa vle di, Bondye te fè li wè enpe nan sa ki te pou rive li pou li ta emb, men li te sèvi rèv la pito kòm eskiz pou li te exalte tèt pa li kòm Bondye! Li te di ke li t ap pral touye ak dife moun ki pa sèvi nan nouvo relijon pa li. Sa pat bay rezilta ke li te panse. Nan fen chapit 3, li di ke li va dechire nenpòt moun ki pa respekte Bondye!

Gade kouman nou tante pran bagay ekstraòdinè ke Bondye fè pou nou kòm eskiz pou nou chache glwa pou tèt nou. Don ak privilèj ke Bondye ba nou, yo pa pou reklam ou byen glwa pa nou. Si ou genyen pozisyon pwofesè ou byen lidè, fè travay ou ak imilite ak sezisman a privilèj ou, epi pa kembe li fò. Si lòt moun pou genyen plas la, ba li ak jantiyès. Si opotinite sèvis fè ou jalou, wa wè ke li se yon otel de idolatri olye opotinite rann sèvis.

Nou pa genyen don tankou Danyèl pou wè sa ki pral rive, pou nou sa gonfle tèt nou. Nou resevwa don ak opòtinite pou fè konnen se Li menm sèl ki vrèman gran. (Jan 3:3) Rejwi nan gras Li!

Malgre nou pa konnen tout sa ke Bondye ta kapab fè nan vi nou, panse rezilta si nou pa ta rann tèt nou vrèman a Li. Nou ta pèdi tout bèl plan Li genyen pou nou. Sa ta dwe sifi pou fè nou obeyi! Ou pa ta rive nan syèl la, epi ou pa ta konnen benediksyon Li yo paske ou pat antyèman pou Jezi!

FASON POU KONBAT SA KI DIFISIL

Apot Pòl te konnen byen kouman pou fè nan lè difisil. Menm lè li te fèmen nan yon kacho, li te fikse sou Jezi, ak lafwa nan Li. Konsa, malgre tache la ak chen n, li te selebre travay ke Jezi te gentan fè nan vi li. Epi li te ekri lepit o Filip yo ak jwa. (Filip 1:18. 2:18, 3:1)

Fikse sou Jezi se pa yon aksyon natirel ni fasil. Odineman, nou panse nèt sou sitiyasyon an ki devan nou, ap chache rezoud li ou ap panse sèlman de la pen ak difikilte. Konsa, traka yo efreye nou epi nou santi ke nou pèdi batay la.

Men, perèz ak pèdi batay la pa ka rete nan kè moun ki konfye yo nan Senyè a. Ou p ap bliye kote ou ye nan traka, men ou ka chwazi pito pou ou sonje ke Li okipe ou. Li delivre (2 Korint 1:10). Li se gerisè (Deteronòm 32:39). Li se gid (Pwovèb 3:6). Moun ki kwè nan pwomès Li yo twouve ke Bondye kwape dout, epi Li bay espwa, konfyans, ak kè kontan (Filip 4:11). Ou kapab pa kontan yon sitiyasyon, men ou ka konnen Ke Bondye pare yon bon rezilta k ap vini.

Prensip ak pwomès Senyè a pa janm chanje, malgre kouman sitiyasyon an rèd ou byen dolore. Fixe zye ou sou Jezi olye sou sikonstans. Bondye va kalme ke ou epi fè ou pase ak sekirite nan epwev la. Lè sa a, ou va fè sa Pòl te ekri «Rejwi toujou nan Senyè a» (Filip 4:4)

BONDYE SOUVREN

Nou pa renmen rete tann, men èske ou kon mande nan kè ou poukisa? Se paske yon reta montre nou ke se pa nou k ap dirije ! Yon lòt moun ou byen kichoy ap gouvène li. Menm si nou pa ka konnen pouki genyen reta, tankou yon blokus nan lari ou byen yon lign long de moun k ap tann tou pa yo, ofen se Senyè a.

Sa vle di ke nan chak reta n ap tann Bondye yon fason ou lòt. Moun ka di «Nape tann Bondye», men se pou nou sonje se Li ki kontwòle tout sitiyasyon ak reta. Li anwo tout.

Nan lavi kretyen, konnen tann Bondye esansyèl pou nou sa viv an obeyisans a Bondye, pou wè repons lapriye n, ou pou genyen lapè ki nan rete nan direksyon Bondye. Fòk nou konfye jijman l, pa sèlman nan gwo bagay nan lavi nou, men osi nan ti detay tou piti yo ki fè nou irite, empasyan, ou menm fache. Bondye pi entrese devlope karakte pa li nan ou, pase pou li ta fèt nan exat jan ou te panse.

EDE MOUN KI NAN PRIZON

Jodi a, mwen pase joune ap chache yon moun ki nan gran prison, men te genyen twòp moun ki t ap fè bri. Polis yo pat ka jwen li. Pandan mwen t ap tann, te genyen plizyè prizonye ki eseye fè m ede yo. Mwen note afè kèk, pou ou menm, ou lòt pastè ka vizite yo. Nou ka mande pou lofisye di jou nan pòt biwo sou lari, epi di ke nou se pastè moun yo. Kèk ladan yo se:

1. Davidson Metellus fanmi Joas, kouzen Annes ki san dosye ki fè li pèdi nan prison. Li fè yon pitit men li pa marye ak maman li. Belme li Claudinette fache, fè feme li.

2. Jocelyn Masillon di ou va sonje l, lè li te nan lèv ak ou kòm pastè li nan mòn.

3. Stephen Joseph moun Petion Ville, soti nan legliz Pastè Harris, Delmas. Li mande pou pastè li.

4. Joseph Docile te fè profese lekòl Thomassin ak Pastè Edrice

5. Jameson Toussaint jen moun Carrefour. Li feme san dosye depi 6 ane li sèl nan yon gwoup zanmi ki te denonse kon malfekte. Li konn travay pou Michel Clerier moun Jeremie nan bato li yo. Osi, li konn travay nan kamyon ki ale jis Santiago nan Dominikani. Petèt Frere Jean Angus ka pale Clerier pou li.

Gran prison genyen twòp gason k ap gaspiye ampil tan san jije, san lage. Yo merite atansyon pastè. Si nou ta organize plizyè nan yon lasosiyasyon pastè ak predicate lavil, pou chache ede yo, sa a ta yon bon ministè.

Enstriksyon Bondye klè

Jozye Chapit 6

Jozye te bezwen gid anfas yon gwo moman nan lavi li. Paske Senyè a te pwomèt li siksè nan atak sou Jeriko, li te konnen kouman batay la ta fini, men kan jou atak latè pwoche, li te bezwen plan batay la. Li dwe te sezi ampil, lè li tande ki jan pou li te fè. Èske ou ka imajine ki jan solda yo te sezi, lè yo tande plan batay sila a?!

Nou dwe sonje twa bagay pou nou sa benefisye enstriksyon Bondye. Fòk nou genyen:

1. Lafwa pou kwè Senyè a
2. Kouray pou obeyi l, epi
3. Pasyans pou tann lè pa Li.

Kan Bondye ba nou enstrikson klè pa Pawòl Li, ou byen pa Lespri li ki lan nou, repons nou montre kombyen nou konfye li. Si nou vrèman kwè Li ak pwomès Li, nou va obeyi an detay. Viktwa Sèten sèlman si nou swiv direksyon Li.

Fòk nou soumèt a pwogram Bondye. Fòk nou aksepte ki lè li va aji. Si lame Izrayèl pat aksepte mache pou sèt jou, epi si ke yo te mache la wond epi atake premye jou olye fè la wond pou sèt jou, yo pat ap genyen viktwa si fasilman.

Souvan, nou mande Senyè a gide n, men nou ezite pou nou obeyi jis lè li ba nou viktwa finalman! Viv pa lafwa ka samble yon gwo risk, lè enstriksyon Li yo pa samble yo fè bon sans ou byen l ap fè nou tann ampil. Men konnen vi etènèl pa Bondye ak pouvwa li san limit ka ranfose desizyon nou pou obeyi.

Empresyon nou bay moun, ki mesaj nou ba yo?

Pawòl nou pwisan epi yo kapab ankouraje moun, ou byen kraze yo. Apot Pòl te di nou fè atansyon sa nou di, ak jan nou di l.

Pa gras Li, Bondye bay lavi etènèl a tout moun ki kwè nan Jezi. Nou pa ka travay pou jwen kado sa a, epi nou pa merite li. Men, Papa nou wè bon zèv nou yo, epi Li pwomèt ba nou rekompans selon sa nou fè pou Li. Vre sèvis fèt lè nou lese Senyè a sèvi nou pou travay Li pou glwa l ak one li. Vre ministè fèt lè resous Bondye sèvi bezwen moun pa kanal de lanmou pa nou.

Revelasyon 22:12 ankouraje nou. Jezi di «Gade! M ap vini ak vites, epi mwen va bay chak rekompans selon sa li te fè.» Nenpòt sèvis piti ou gwo ki fèt nan non Jezi va beni. Men, fòk nou fè atansyon ke sa nou fè vrèman pou glwa Jezi. Si nou vle moun flate nou, sèl rekompans nou ka jwen se lwanj moun pandan vi sa. Epi nou konnen ke flatri moun pa dirab.

Kèk rekompans va jwen nan syèl, men nou ka beni kou nou ye a osi! Nou ka genyen gran jwa kounye a, lè nou pèmèt Bondye sèvi nou pou beni lòt moun. Nou santi nou vrèman itil lè nou fè yon moun konnen Jezi epi nou fè li konnen kouman pou mache ak Li. Sèvis se gran benefis epi osi gran responsabilite.

Fòk nou etidye ke nou, pou nou Sèten ke bi nou se glorifye Kris. Se sèlman sou kondisyon sa ke nou va resevwa rekompans Bondye sou latè ak nan syèl.

Enseparab ak Bondye

Ròm 8:31-39

Genyen twòp relasyon Jodi a ki pa sèten. Mank inyon twouve

nan maryaj, legliz, ak relasyon entènasyonal. Men, genyen yon relasyon ki Sèten epi pèmanan. Senyè a fè moun, pou yo sa genyen relasyon intim ak Li.

Lanmou li pou nou chak twouve patou nan la Bib. Aktyèlman, pa genyen anyen oken fòm nan tan pase, o prezan ou k ap vini ki ka separe nou de lanmou Papa nou. Jan 10:4 kompare Jezi ak yon bon beje, yon nonm ki viv pou okipe epi pwoteje twoupo li. Karakte Jezi se yon de swen empasyone de pèp Li. 1 Jan 4:16 di trè klè «Bondye se Lanmou». Si nou kwè la Bib, nou paka nye se konsa Li ye.

Osi, nou wè lanmou diven nan kado li ak nan aksyon Li yo. Pou egzanp, Li fè nou nan pòtrè Li (Jenèz 1:26). Li voye sèl Pitit Li pou mouri nan plas nou, epi Li padone nou tout det peche nou (1 Korint 15:3) Epi Jan 15:15 di nou ke Kris rele nou zami. Sa ki pi plis, lè nou nan Kris, Bondye rele nou pitit Li ! (Ròm 8:15). Li jis beni nou ak yon Avoka ak Èd Sentespri a. Bib la klè – Bondye renmen nou ampil.

Lanmou ke nou jwi nan fanmi nou se yon ti endikasyon de gran kompasyon ak swen ke Bondye genyen pou nou. Panse de moun ke ou ancheri plis. Imajine kisa ou ta fè si yo ta genyen pwoblèm ou bezwen, epi kalkile ki jan Papa Selès nou va ancheri nou.

Evite kompwomi

Pwovèb 2

Tantasyon pou fè move ranjman tante tout kretyen, men nou pa oblije soumèt. Nou dwe konprann ke soumèt louvri pòt pou desan plis epi pi plis, jis genyen pinisyon. Me nou ka deside veye kò nou epi pito obeyi Senyè a.

Premye etap pou nou evite move kompwomi se pou nou konprann pouki peche atiran. Se paske lè lòt moun mande nou fè bagay kontrè a lòd Bondye, nou pa vle moun yo santi ke nou rejte yo. Nenpòt moun ki deside viv yon vi sent oblije genyen desizyon pou kampe sèl anfas ridikil epi menm anfas pesekisyon. (2 Timote 3:12). Osi, nou pa konsanti a yon aktivite ki vyole konsyans nou paske nou vle evite konfli, men lapè nou a nenpòt pri se dezobeyi Bondye.

Men, tantasyon pa sèlman vini de lòt moun. Jak 1:14 di ke nou tante lè nou swiv tandans peche ki deja nan nou. Gade kouman kretyen tonbe paske yo gade yon dezyèm fwa. Avaris se yon lòt bagay ki trene nou antre nan kompwomi. Si nou manyen nenpòt ti bagay ki pa pou nou, nou jambe barye obeyisans a Bondye. Chwa nou yo dwe selon la Bib, epi pa janm selon sa nou ta vle.

Pou nou sa kampe fem kont kompwomi, se pou nou pran Pawòl Bondye kòm mezi kondwit nou. Si nou komanse chak jou nan Pawòl Li, Li va gide nou. Konsa, lè ke Espri pa li ba ou avetisman, obeyi li imedyatman, paske menm etidye tantasyon louvri pòt pou nou peche.

GAD KÒ NOU

«Senyè a ak mwen kòm yon champyon terib» (Jeremi 20:11).

Genyen yon pastè ki di ke li pat konn remen genyen bet anba pye, men li te marye ak yon fi ki remen ti bet. Kòm yo pa genyen pitit, yo bay madam li distraksyon. Madam li genyen chat ak chien, Paske laba bet pa genyen dwa lage, li gade yo nan kay la epi li antrene yo.

Madam li achte yon ti chiwawa, yon kalite chen mexiken san pwel ki rete tou piti. Endyen yo te konn gade yo kòm poul pou manje, kwit boure ak diri.

Lòt bet yo konn move ak ti bet la, ap repouse l, tèlman li renmen jwe, ap embete yo. Sa fè ke malgre pastè la pat konn renmen bet anba pye, li vin gadyen ti bet la kont pi gwo yo, epi yo fè zanmi trè atache!

Pastè la di pafwa nou bliye ke gran Bondye se gadyen nou, malgre nou tèlman piti sou latè. Wa David te mande kouman Bondye ka renmen nou, tèlman nou pa genyen vale sou gran te sa ke Li fè. Epi vrèman mwen konn panse sa tou, lè mwen sou tèt mòn. Mwen pa ka wè yon sèl kay jis lòt bò yon gran fon, ki dire yon moun.

Pafwa nou bliye kouman Bondye renmen nou. Nou pa wè ki jan lap pwoteje n, ap fè defans nou. «ou toujou yon defans pou fèb yo, yon defans lè malere nan detrès, yon refij nan move tan, yon lombraj lè chalè (Ezayi 25:4).» Bondye te pwoteje pitit Li, Jeremi. Li te yon «champyon terib» epi peson pa bay champion terib defi!

Èske ou genyen la pen Jodi a? Èske lenmi ap pousib ou? Eske ou santi ke Bondye pèdi adrès ou? Pwoche tou pre Bondye. Ba Li tout enkyetid ou, kan Li ap veye sou ou ak lanmou (1 Pìè 5:7). Pwoche, epi li va reponn (Jak 4:8). Rele l, epi Li va reponn nou! (Jeremi 33:3).

Zami m, ou genyen vale pou Bondye yon milyon fwa pase ti chènn. Ou pi presye pase tout bagay pou Li. Li va la pou ou nan tout bezwen. Li va defan ou nan tan danje ak detrès. Proche kote li epi konnen ke Bondye va proche tou pre ou, ap reponn (Jak 4:8). Rele l, epi Li va reponn (Jeremi 33:3).

GRAN KOMISYON AN

Si ou kwè, ou fè pati gran kò de Kris ki te resevwa lòd pote Limyè li bay tout nasyon ak gwoup moun sou latè. Konsa, menm si ampil moun wè legliz kòm yon òganizasyon sosyal, la Bib pa di sa. Nou pa pou sèlman jwi fwatenite lòt kretyen, ap chante, ap preche ak adore. Jezi konfye nou bon nouvèl lavi ke l ap ofri a tout moun. Se pa sèlman travay predikatè ak pastè; se travay tout kretyen. Chan travay pa nou chak se fanmi, zami, lòt moun k ap travay bò kote nou, ou byen yon kominote ke Bondye fè ou ap sonje yo ampil epi ou ap priye pou yo.

Avan ke li te retounen nan syèl la, Jezi te bay disip Li la Gran Komisyon, ak pwomès l ap retounen o fen tan sa a. Pwomès Li toujou la. Li pa fè nou travay sèl. Li pwomèt ke li a toujou ak nou, epi ke Sent Espri a va akompli travay Li ki fèt pa nou. Li toujou ap ankouraje nou, ap di «Mwen toujou ak nou. Tout sa nou bezwen, nou va jwenn li nan Mwen.» Èske gran apèl sa fè ou sezi ki jan pou ou gade lavi kotidyen?

GRAN VALE OBEYISANS

Malgre Pyè te genyen ampil eksperyans nan lapèch, li te retounen men vid de yon nwit de travay. Se trè posib ke li te panse ke demann Jezi fè pou li te ouvri filè li yon fwa ankò te yon demann initil. Pyè ak asosye l yo te pechè pwofesyonèl, men obeyisans ak konfyans nan Jezi te beni ampil moun.

Bib la montre nou ke plan Bondye souvan kontrè ak panse moun. Pou egzanp, ki moun ta fè yon plan batay ki te mande sèlman pou moun mache epi rele fò? Bondye te fè Josye angaje batay Jeriko konsa, epi fè li konsa te bay siksè. (Josye 6:1-5)

Moyiz se yon lòt egzanp. Lè li te doute ke li te kapab yon lidè, Senyè a te ba li rasirans nan yon fason trè diferan; Li te di li jete baton li atè. Li te obeyi, epi Bondye te konfime ak pouvwa Li ke chwa pa li pou lidè te vre (Egzòd 4:1-3).

Papa Nou kapab mande nou fè kichoy ki pa samble lojik petèt aksepte plis responsabilite lè nou te anvi travay mwens! Li ka mande nou bandonne yon pozisisyon ke Li te ba nou resaman, ou Li ka mande nou pran yon travay ke

nou panse depase kompetans nou. Plan pa li kapab fè nou santi li pa valab kan nou gade laj nou, mank preparasyon nou ou byen la sante nou. Fòk nou obeyi epi fè travay la, nenpòt ki jan li samble li pa pratik.

Pou sezi enpòtans obeyisans, kompare li ak ti moun k ap aprann obeyi enstriksyon paran ou byen pwofesè. Koute byen nesesè pou travay la fèt byen ak bon rezilta. Genyen kèk etap ki pa samble nesesè, men rezon poukisa souvan va parèt klè pita. Toujou fè atansyon pou obeyi Bondye genyen priorite nan vi ou.

Jijman an

2 Korint 5:9-10

Chak kretyen genyen pou reponn a Jezi kouman li te fè ak vi li. Nou p ap kampe devan Gran Tron de Jijman Bondye (Revelasyon 20:11) kote moun ki pat kwè va jije. Nou zot va parèt devan syèj jijman Kris epi rann kont vi nou.

Si sa samble konfizyon, nan 2 Korentyen, mo Grèk pou jijman, «bema» vle di «plas pou rann kont». Moun ki te renmen Senyè a p ap kondane a lanmò, men yo va viv epi yo va rann kont.

Pinga panse ke «rann kont» vle di fè defans. Nou p ap defan aksyon san vale pa nou, bagay nou te di ou byen fè ki pat onore Senyè a ou byoooen te fè Non Li wont. Bondye di ke zèv egoyis pa nou tankou fachin n, pay, ak fatra ki bon sèlman pou boule. (1 Korint 3:13). Bon panse, bèl pawòl, ak bon zèv ki sèvi byen pou Senyè a va echanje pou rekompans nan syèl la.

Sije jijman pa nou va sou kalite travay nou. Bondye bay chak moun pa li yon travay pou li fè, ak pesonalite, talan, ak don espirityèl ki nesesè pou fè travay la. Kesyon ki pou reponn nan bema Kris se «Èske m te viv selon bi pa m pou onore epi glorifye Bondye?»

Nou dwe anvi kampe devan Kris. Nou pa bezwen pè, paske nou se eritye byeneme ak Li. (Ròm 8:17, 34) Pa sakrifis pa Li, nou genyen dwa trezò syèl la. Li anvi ba nou yo kòm rekompans pou fidelite ak obeyisans.

KADO LANMOU BONDYE

Ampil moun paka kwè, ou menm konprann ke Bondye renmen yo. Genyen lòt ki kwè ke Bondye renmen moun sèlman lè aksyon pa yo fè li plezi. Pouki li tèlman difisil pou moun aksepte ke lanmou Bondye san kondisyon?

Yon rezon se ke moun pa vle renmen lòt moun san kondisyon! Yo panse ke Bondye panse menm jan! Nou ka di madam, mari, ou lòt manm fanmi nou ak zanmi m ke nou renmen yo, men souvan nou ap reflechi si yo pa fin fè plezi nou. Nou exkize tèt nou de renmen kèk moun paske kondwit yo nwi nou. Sa fè nou panse ke Bondye fè menm jan ak nou.

Yon lòt rezon nou pa ka kwè ke Bondye renmen nou se ke nou panse ke nou pa merite. Men, se vre, oken moun pa merite lanmou Bondye. Nou pa vin kote li paske nou merite, men paske plas nou asire nan gras Jezi. Pou di ke ou pa kouvri ak gras Li se pile anba pye bèl kado lanmou Li! Bondye pare koken fason pa li pou nou sa rekonsilye ak Li, epi pi gran dezi li se yon relasyon etwat ak nou chak.

Si ou santi li pa renmen ou, ou byen ke Li pa ka renmen ou, mande Espri Sen an fè ou konnen verite lanmou Papa Selès nou an pou ou, epi ke li a penetre ke ou byen. Sa va fè ou genyen yon lide de vre valè ou kòm yon moun. Ou a santi prezans Li, epi ou va pale ak Li!

KONPRANN KOUPABILITE OU

JAN 8:1-11

Li nòmal ke ou santi ou koupab epi wont si ou vyole konsyans ou. Men li pa bon pou moun santi yo toujou koupab. Senyè a fè nou mande padon. Nou regrèt epi nou sati nou koupab lè nou dwe repanti. Men Satan tòde emosyon sa yo epi fè moun prizonye, ap soufri wont epi pa Sèten ke Bondye remen yo malgre yo repanti.

Repantans se kado Bondye ba nou, pou nou sa jwen vre padon wont la. Men, Satan chache fè nou vle kontwòle rezilta ki swiv, epi fè nou kondane tèt nou paske nou pa kapab. Bagay konsa pa sou kontwòl nou. Genyen legliz ki fè moun toujou santi ke yo nan peche pou tèt bagay ki pase nan panse yo, panse ke yo kombat ak lapriye.

Kondane tèt nou jene relasyon lib ak Jezi. Olye de jwi lapè de Bondye, moun ki toujou santi wont genyen perèz ke Bondye va rejte yo, epi y ap tann pinisyon Bondye, ap di «Mwen pa bon» olye «Mwen te fè mal.»

Jezi pat vini pou kondane nou. Li refe nam nou epi li fè ke nou vin jis devan Bondye. Konsa, nou pa koupab ankò. Si Senyè a padone fam ke yo jwen na ladilte, kalkile kouman li pare pou wete wont pa nou tou. (Jan 8:11).

KONFYANS YOUN LÒT
NESESÈ POU SIKSÈ

Yon mank konfyans terib pou moun, ou byen pou yon òganizasyon. Swa maryaj, zafe, ou byen legiz, rezilta yo menm. Si moun p ap pataje enfomasyon ou byen koopere, manke konfyans youn ak lòt. Epi, lè yon pwoblèm ta fasil rezoud, si li pa rezoud, sa ka kraze zafe a, epi gate sitiyasyon an. Konfyans esansyèl pou pataje, koopere, epi pwofi.

Yon zami te envite pa yon ti kompagni pou li te vin ba yo konsey. Yo te genyen pwoblèm ak amplwaye yo, pou yo te fè efò. Lòt kompagni te travay pi byen, epi yo t ap pèdi mache yo trè vit.

Konsa, yo te pran yon bon manaje nèf. Zami m ale pale ak ouvriye yo. Moun yo plen kè yo pat konnen anyen k ap pase, ke vye chèf yo te sèlman di fòk yo fè plis efò. Yo te santi ke bos yo te sèlman renmen kòb, moun te sispan yon ede lòt, epi kompagni an te an danje feme.

Konfyans nesesè pou lide. Sa vre nan nenpòt òganizasyon. Si moun pa konfye yon lòt, avan lontan, rezilta efò la pou diminye. Nouvo manaje latè travay trè di pou plizyè mwa ap pataje bi ak efò kompagni la pou gagne konfyans amplwaye yo.

Konfyans toujou pwoblèm lidè paske se yo ki pou fè gwoup la santi ke yo se manb yon ekip, kòm yon fanmi. San dout, lè lidè fè fayit, se lè ke li pa ka kreye konfyans ekip. Esansyelman, se pou lidè genyen konfyans pèp la. Otreman, li p. ap genyen moun ave li. Mank pataje enfomasyon epi pa reponn a kesyon ou byen tou lè de fè moun panse ke yo pa genyen ni respè ni konfyans. Kooperasyon avèk bon aktivite p ap ka devlope si manke konfyans ak respè.

Menm bagay la vre nan tout la sosyete. Se sa ki te sekre siksè Ameriken. Men, kounye a ak ampil skandal, konfyans diminye epi genyen krent devlopman pwoblèm. An travay pou Ayiti genyen siksè pa la fanmi de Jezi Kri!

NOU BEZWEN ZANMI

2 TIMOTE 4:9-22

Endepandans se yon tandans naturel, men selon la Bib li pa bon. Ou p ap twouve oken kote ke Bib la di «Bondye ede moun ki ede tèt li.» Bondye te kreye Èv pou li te soutni Adan, epi li te kreye legliz, yon kominote de moun ki kwè. Li pat kreye moun pou yo te viv sèl ou byen pou yo te izole.

Lè nou bay Jezi lafwa nou, Sent Espri a vin rete nan nou pou nou sa kapab genyen yon bon relasyon ak Senyè a, ak bèl lamitye ki satisfe yon ak lòt. Nan plan Bondye, yon relasyon sere ant de moun ki kwè sèvi pou nou vin plis kòm Jezi.

Gade nenpòt sen nan Bib la, epi ou va jwen pwev ke li te apiye sou yon bon zami pou sipò. Lapot Pòl, an patikilye, te pale bokou epi souvan kouman li te depann sou zami, epi li te ankouraje lòt moun pou yo gen zami pwoch tou (2 Timote 2:22). Jodi a, la sosyete enkonvèti samble lap fè le kontrè. Pi plis la sosyete monden drive lwen Bondye, piplis yo vle fè tout sa lidè yo fè. Vwazen pa fye vwazen olye ambrase yon lòt epi menm nan legliz genyen moun konsa. Nou ezite bay lidè sipò, epi nou ezite resevwa lidè lòt kretyen.

Bib la di nou yon renmen lòt, yon pote chay lòt, epi konfese peche nou ak lòt kretyen. (Jan 13:34, Galasi 6:2, Jak 5:16) Sa vle di nou pou bay tèt nou a lòt kretyen, epi resevwa de yo an retou. Konsa, kretyen ka ede yon lòt vin samble Kris.

Lafwa ak rezònman

Premye batay ant lafwa ak rezonman moun te pran plas nan Jaden Eden. Kiriosite Èv te komanse pa manti yo ke sepan nan te ba li. Èv te komanse gade sitiasyon li ak semp lojik imen, epi li te deside ke Bondye t ap twompe li pou li pat pran plezi nan yon bon bagay. Lafwa Èv te fayi lè li te panse de entere pesonel pa li.

Sa pa di ke chemen lafwa pa janm lojik, men si nou aji sèlman sou baz lojik, konfli ak Senyè a inevitab. Rezon an se ke enstriksyon ak aksyon li yo pa toujou swiv lojik imen. Malgre Ezayi 55:8-9 di ke fason ak panse Bondye pi wo pase pa nou, ampil moun panse ke lide li pi ba pase intelijans moun!

Lapot Pòl explike sa lè li di ke desizyon Bondye pa lojik selon standad le mond. Mesaj Bondye afè lè sali parèt ridikil, epi mesaje pa li yo parèt fèb epi mal presante. Nan yon tan ki chache bèl renome ak gran plas lasosyete, yon moun ki kwè la Bib gade kòm moun fèb ki bezwen relijon pou pwoblèm lavi. Kan lemonn ba nou kalite sa, aktyèlman li trè korek! Lè kwayan konnen feblès yo, yo apiye sou Kris pou li sa fè yo kampe dwat nan jistis Pa li.

Jou sa an Eden, peche ak logèy te antre nan kè moun. Men tout sajès le mond ki gonfle ke nou efase pa Bondye. Li p ap chache moun de gran plas la sosyete, men pito sevitè fèb epi emb ki sèlman ka louanje nan Kris. Sovè a se sèl fòs yo ak sajès

Lanmou Papa Selès nou an

Jan 4:7

Bib la di nou nan Jan 4:7 ke vre fòm Papa nou se lanmou. Konsa, si ou pa kwè ke li renmen ou nèt, lè ou nan nenpòt eta, ou p ap janmen genyen vre lapè nan relasyon ou ak Li.

Kijan ou explike sa ou rele lanmou? Se Jezi k ap rele tout mond lan san kondisyon, ki ba nou tèt Li epi li pote byen nan vi nou san kontwòl si nou aksepte li. Ròm 5:8 di nou ke sousi Li ak swen Li tèlman san mezi ke li te bay vi li pou nou, lè nou te toujou enmi li. Bib la di nan Efèz 1:3 a 5 ke Li te komanse renmen nou avan li te komse fè latè! Sa vle di ke sa ou fè pat genyen oken relasyon ak lanmou Li pou ou.

Pwomès Bondye fè nou pa genyen oken kondisyon oswa règleman ke Li sèvi kòm baz pou amou li anvè nou. Epi li pa genyen plis lanmou pou «bon» moun ke nou petèt panse ta pi merite. Li renmen nou menm lè nou nan peche, menm lè ke nou pa repanti. Èske sa ba nou lisans pou nou dezobeyi? Non, li ba nou fòs pou nou viv yon vi sen, obeyi l, epi pou nou aprann renmen li jan li merite. Swiv Li se resevwa lanmou Li t ap ofri nou depi tan.

Chak moman, zye klè ou byen nan dòmi, n ap viv anba kouveti gran lanmou mèveye epi komplèt Senyè a genyen pou nou. Men, pou komplètman konnen lanmou sa a, fòk ou resevwa li. Di wi, ba Li ke ou komplètman, epi lese lanmou Li rampli ke ou epi debode sou lòt moun. Galasi 2.

PATAJE LANMOU BONDYE

Yon pastè zami laba ekri kouman li fèk resevwa yon not de yon dam ki ekri «Pi plis mwen vini nan kilt isit, pi plis m ap grandi an fòs ak lèd de Jezi Kri.»

Pastè a tèlman kontan, ke li ekri kouman tout sa lagliz la ap fè se ak yon dezi pou ede moun swiv Jezi pi byen. «Epi, kan nou fè sa, Kris onore. Nou fè sa nan koze, nan sèvis, nan konseye nan prive, epi nan kondwit nòmal de lavi kretyen. Nou chak isit sou latè pou fè Jezi parèt lè nou ede lòt moun swiv Li. Sa se yon devwa, yon chay, ak yon ankourajman. Lè nou anvi viv sen, fidèl, epi embleman se yon temwagnaj pou Levanjil. Epi, malgre li pa fèt ak fines, nou se yon temwagnaj pou Levanjil. Sa se yon ankourajman, men li se yon responsabilite osi.

Pa genyen anyen ki pi gran pase Levanjil. Pa genyen yon lidè ki pi gran pase Jezi. Panse afè privilèj nou genyen pou pote responsabilite sa a. Ede moun swiv Jezi se ede yo fè sa yo te kreye pou fè! Ede moun swiv Jezi se ede yo fè pi gran choz ki genyen sou latè. Li pi gran pase kotch yon ekip ki kale tout lòt ekip sou latè, Ede moun swiv Jezi se yon choz etènèl, epi etènèlman bon.

Konsa, avanse, frè ak sè. Semen sa, kèk pami nou gentan vizite epi chita ak lòt manb legliz ki entène lopital. Vizit sa yo pa toujou fasil, men yo se yon temwagnaj pwisan. Lòt moun assiste youn ki an dey, nan lantèman pou montre ke ou an dey ak yo. Sa se yon gran temwagnaj. Lòt man ede moun ak travay lakay yo, priye pou lezòt, monite lekòl dimanch, kembe pitit pou moun ki nan koral, etsetera.

Manm legliz, mesi paske nou ede lòt moun swiv Jezi pi byen. Kan n ap sèvi, pinga bliye pouki n ap travay konsa. Epi, priye kan n ap sèvi, ke lè lòt moun vini, yo va devni sevitè de Kris, epi pi fò ak èd Jezi Kris.

LÈ YON LÒT KRETYEN TONBE

GALASI 6:1-5

Senyè a pa vle ke manm kò Li viv pou kò yo. Kretyen dwe viv nan yon fanmi ak lanmou, youn ap okipe lòt.

Nou genyen responsabilite nou kòm manm fanmi Bondye, pou

nou sipòte yon manm ki tonbe. Pòl ekri ke moun ki «espirityèl» pou retabli relasyon moun ki tonbe, ak Papa Yo epi ak fanmi an.

«Espirityèl» pa vle di yon lide espesyal. Li pale de kretyen k ap viv sou kontwòl Sent Espri a. Kle aksyon sila se atitid moun ki vle retabli lòt la. Nou pou genyen yon lespri de douse: Sa se pa yon tan pou britalite, kole, jijman, ou kondanasyon. Bi nou se pa pou ampile la pen ak santiman ke li koupab sou yon frè ou byen yon se, men pou montre mizerikod ak padon. (2 Korint 2:5-8) Sonje lanmou le Pè Etènèl nan parabòl Jezi nan istwa anfan pwodig la. (Lik 15:20).

Papa a te kouri rankonte pitit pwodig la pou ambrase li. Sa a se yon leson pou nou genyen lespri emb: Moun ki santi ke yo pi bon gade yon frè ki tonbe, epi yo panse «Mwen pa ta janm fè sa!» Men kretyen emb konnen feblès pa yo, epi olye jije lòt moun, yo gade vi pa yo pou rekonèt kote yo fèb.

Yon lespri lanmou: Lè nou renmen lòt moun, nou pataje chay yo. Sa vle di ke nou volonteman bay tan nou, ak efò ak la priyè pou byen yo.

Ki jan ou reaji ou menm, lè yon lòt kretyen tonbe? Yon bagay lèd ke moun fè se panse ke nou pi bon, lè yon lòt moun manke. Olye repete tripotay afè yon frè ou byen yon sè, ou byen afè youn ki poko konnen lanmou Senyè a, lese kè ou kase, epi pwoche sou li ak sipò.

Etid sa a bon, toutan! Plizyè fwa nou santi ke nou blese lè moun konvèti ou byen enkonvèti vyole konfyans nou, epi nou genyen tandans reaji di. Li explike pouki mwen di ke mwen pa vle ba yon nonm ki tonbe kout pye! Mwen pito pataje espwa. Sa ki pi di se lè mwen sonje okazyon ke m pat ede yon ki t ap soufri paske li te koupab. Mwen te manke plis pase li. (Jak 5:6) Èske nou priye ase pou moun k ap pataje Jezi ak prizonye, ou byen ak moun ki esklav dwog?

LI SE SENYÈ DE TOUT

RÒM 14:7-12

Nan Nouvo Testaman, Senyè se tit ki pi sèvi pou Jezi Kri. Malgre la sosyete nou raman sèvi tit sa a, nou tout abitye ak mo Bos ou Chèf. Se plis sa a ke Senyè vle di yon moun ki genyen otorite, pouvwa, ak kontwòl. Pawòl Bondye di ke Jezi se tèt legliz la, gouvène de kreyasyon epi Senyè de Senyè yo ak Wa de Wa (Kolòs 1:15-18 ak Revelasyon 3:14 epi 17:14).

Etandi wayom de Kris kouvri tout sa ki pase nan syèl la ak sou latè. Peson n, menm moun ki di pa genyen Bondye, ka lib de gouvenman ak otorite li. Malgre Satan eseye konvenk nou ke libete nou ba nou tout sa nou vle, nou jwen vre libete sèlman lè nou soumèt a otorite li.

Menm lanmò pa ka wete yon moun de otorite Pitit Bondye. Li se Senyè epi vivan yo ak mo yo. Tout moun gendwa chwazi si y ap rebèl kont Li ou byen soumèt, men yo genyen opòtinite fè chwa sa a sèlman pandan yo vivan. Apre lanmò, yo va rekonèt ke Li se Senyè, lè yo rann kont. Si nou pa rekonèt Jezi kòm Senyè lè nou vivan, nou va oblije soumèt nan jijman.

Èske ou soumèt ak lotorite Kris sou vi ou? Lotorite Li ka koz ou krent lotorute moun ki pa rekonèt Li kòm chèf vi yo, Osi, moun ki konnen kouman li janti, kwè nan bonte li epi soumèt ak otorite l, epi santi yo alèz ak Li kòm Senyè vi yo

LWANJ AK ADORASYON

SÒM 34:1-3

Glorifye Bondye pa limite a lè nou ap adore li legliz. Li dwe nan tout lavi yon kretyen. Yon jan nou ka lwe Senyè a se ak vwa nou,

53

swa nan chante ou byen nan pale. Ansyen yo ki te ekri Sòm yo te chante yo ak mizik. Vre adorasyon soti tout tan nan bouch moun ki fikse sou kalite Bondye yo. Yo vle adore li pou tèt Ki person Li ye, sa Li gentan fè, ak sa Li pwomèt fè toujou.

Vre adorasyon pèmèt Senyè a rampli ke nou epi panse nou ak prezans Li. Men lwe Senyè a ak move entansyon se yon aksyon initil. Pou egzanp, si nou leve men nou epi chante fò paske li fè nou menm kontan, n ap chache emosyon. Kalite «lwanj» pou plezi nou sa a pa fè li plezi.

Bondye nou an kontan lè nou sèvi li. Bondy te kreye lòm pou bay non Li glwa ak onè. Kidonk, anyen pa dwe limite volonte nou pou nou travay pou Wa a, sitou lè nou genyen opotinite pataje li ak lòt moun. Kris onore lè moun pa li pale fasil de gras se yon fòm de lwanj Li ak travay Li. Temwayaj moun ki konnen li onore Non Bondye.

Jezi Kris vo plis pase nenpòt trezo ke le mond ka ofri. Renmen li ak konprann sa Li fè pou nou ta dwe tout motif nou ta bezwen pou louwe li ak vi nou. Pinga chante sèlman; sèvi wayom Li epi pataje Levanjil, pou chanm twòn Bondye ka sònnen ak adorasyon.

MESAJ MOND LAN BEZWEN TANDE

Si m ta mande ou kisa misyon legliz la ye, kisa ou ta reponn n? Malgre legliz fè divès travay, sèl mesaj Li a le mond se Levanjil de Kris. Tout lòt bagay ke nou fè se extansyon bi sa a. Levanjil ke nou ofri moun pèdi yo pi bon pase nenpòt sa ke filozòf le mond ka ofri. Levanjil pa janm vye ni bezwen chanje. Li sifi pou rampli pi gran bezwen moun – relasyon ak Kreyatè a.

Malgre mesaj la toujou menm, genyen ampil metòd pou fè moun kompran nou, pawòl, mizik, materyo emprime, radio ak entènèt. Men, tout metòd sa yo mande ke chak kretyen angaje. Se responsabilite nou chak pou nou sèvi don pa nou pou akompli Gran Komisyon an.

Kèk kretyen panse se sèlman pastè, misyonè ou lòt moun angaje nan lèv ki pou fè sa. Men, nou tout responsab, menm angaje lè nou ka sèvi don pa nou a tout opòtinite. Tout moun pa travay nan chak efò, men nou tout kretyen ka bay ofran, priye, epi rakonte fanmi ak zami de sa Senyè a fè pou nou.

Lè ou vrèman serye, angaje pou gaye Levanjil, Bondye va fè ou wè sa Li vle pou ou fè. Li genyen yon plas pou chak. Peson pa initil. Sa ki limite travay Li pa nan Li menm, me nan abilite nou pou nou tande apèl Li. Si nou ba li ke nou ak panse nou, Li va ba nou lidè pa li a chak rankont.

MIRAK OSWA KONYENSIDANS?

Nou menm kretyen, nou konnen diferans ant konyensidans ak mirak. Mirak yo montre nou ke Bondye enterese nan ti detay de lavi nou. Epi, lè nou tande sa Bondye fè pou moun lòt kote, nou santi nou se manb menm fanmi Bondye.

Nan Lafrik, nan peyi Sierra Leone yon ti se ki rele Georgeta te fè yon eksperyans espesyal. Epi li te rive li nan yon nan pi difisil period yo de lavi li.

Li te fè yon dispit cho ak mari li. Epi mari l, Amad, te soti nan kay la byen fache. Apre twa mwa long epi difisil, Georgeta ak kat ti moun yo te bare, byen grangou.

Lè yon misyonè ak madam li te frape pòt kay la, Georgeta te an dezespwa. Malgre li dekouraje li te fè yo antre. Li te sezi ansanb ak pitit li pou li tande ke Bondye ki fè tout linivè te renmen li sifi pou li te mouri nan plas li. Espwa konsa te samble pa posib, men Georgeta ak tou le kat ti moun yo te bay Jezi vi yo jou sa a.

Pandan misyonè yo t ap pare pou soti, Georgeta mande yo priye pou maryaj li. Li t ap mande Bondye yon lòt bagay ki te samble li emposib, pou Amad ta retounen. Misyonè yo te twò kontan fè lapriye pou mirak sa ak li.

Kou yo di «Amen», telefòn Georgeta sonnen epi li reponn. Zye li te ouvri gran; se te Amad. Georgeta koute tou etone kan Amad mande li padon paske li te kite l, epi osi paske li te abandone ti moun yo. Georgeta ak Amad te rekonsilye, epi y ap viv kontan, ansamb ankò.

Bondye n ap sèvi a enterese nan detay intim lavi nou. Li te aktif nan maryaj Georgeta. Li te fè Amad telephone li exak moman sa a. Li te aktif nan lavi misyonè yo ki te fè yo vizite ak yon maman an detrès ak pitit li yo. Epi, li aktif nan lavi nou menm kretyen, ap envite nou viv epi travay nan lèv l ap akompli Jodi a.

Konsey avan fyansaj
ak byen marye

Nou ta dwe gade maryaj kòm yon choz serye, menm jan ke Bondye gade li. Men, nan you tan ke maryaj plis yon demonstrasyon fè wè, li fasil pou fianse nan yon pouse de admirasyon san mande kèk kesyon serye.

Pafwa, maryaj sèvi pou rampli bezwen natirel pou yon patnè lòt sex, men maryaj p ap rempli wol sa a. Osi pafwa yon koup genyen bon relasyon lontan, men yo pa rete pou etidye vale relasyon an. Maryaj kretyen se yon potre de Levanjil epi li pa dwe antre lejèman. Bondye vle ke lavi pitit li pi bon posib, epi Li gide nou pou nou sa twouve volonte li. Pafwa, li gide nou ak avetisman ke nou pa dwe pran moun nan. Men 10 bagay pou etidye avan ke ou fyanse ou byen marye:

1. Si nou de moun pa genyen menm lafwa an Kris:

Bondye pa sijere ke nou marye sèlman ak yon lòt fidèl Li; Li komande sa a! Se pa kriyelte ni ke Bondye enjis. Pito, se paske nan gran lanmou Li, epi ke l ap pwoteje nou ke li komande sa. Nan Ansyen Testaman, Li te di pinga marye ak moun ki genyen lòt dye paske dye sa yo ta fè yo pèdi chemen. Sa vre tou nan Nouvo Testaman paske moun ki pa kwè ta fè nou pran distans ak Jezi ki fondasyon nou.

Sen Pòl te bay enstriksyon pou moun ki te deja marye ak monden avan ke yo te konvèti. Men li te konnen ke yon tel vi ta difisil. Si nou chwazi pou nou marye ak yon enkonvèti, n ap chwazi plezi chanel olye plezi Bondye. N ap ini nou ak yon moun ki pa genyen oken lide kretyen tankou lide pa nou, spirityelman ou etènèlman. Epi, li pa genyen Sent Espri a pou gide panse li avèk akson li. Sa se yon jwet trè danjere ki fè Bondye tris.

2. Si nou genyen diferan apèl pou lavi:

Pou egzanp, si yon vle lese zon nou pou travay nan yon lòt kote, fòk sa rezoud. Kilès nan nou de ki genyen Lapèl ke nou de va swiv?

Bondye bay chak moun travay ke li remen ak abilite pou fè li. Nou genyen privilèj sèvi don sa yo pou glwa Li! Men, si nou marye ak yon moun ki pa ankouraje nou ladan, nou va toujou va nan konfli pou wè si nou a rampli desten sa a. Avan menm fyanse, deside a nou de onètman afè rèv nou chak pou lavi.

3. Si zami ou pa manyen kòb ak sajès:

Fason kòb nou pou sèvi kapab pa yon bagay ke nou etidye avan maryaj, men li de gran enpòtans moman ke nou marye. De moun marye ki ini komplètman, yo onèt afè finans pa abitid yo. Si yo genyen yon kont nan yon bank, yo de signe endepandaman paske yo genyen lòt konfyans pou fè desizyon. Men, lè yon patnè pa genyen sajès, sa pa sèlman afekte yo de; li afekte maryaj yo ak lavni fanmi yo.

Se pou sa ke li trè enpòtan ke nou diskite finans nou AVAN menm ke nou fyanse. Eseye fè yon bidje imajine ansam. Pinga nou menm fyanse si nou pa dakò nan afè kòb nou.

4. Si nou panse ke maryaj sèlman va wete koupabilite pou relasyon sexyel nou komanse deja;

Genyen yon panse ke marye padone epi wete chalè dezi pou relasyon sexuel nou an. Li sèlman valab pou lè moman pou moun ki pat priye. Yon lòt tantasyon kapab vini epi gate maryaj la. Sèlman Kris k ap kontwòle panse nou va evite tonbe ankò. Pinga marye pou sispan chalè. Aprann viv sou kontwòl lè Sint Espri pou evite oken panse chanel.

5. Si nou pa dakò nan afè pitit nou pral fè.

Diskite ki kantite pitit nou pou fè, epi etidye fomasyon ke nou vle ba yo. Si yon vle plizyè epi lòt pa vle, sa ka fè kont.

Sa genyen plizyè fasèt: Ki jan nou va ba pitit nou fomasyon, nan ki lekòl, èske nou de va amplwaye, etc. Nou va fè byen si nou ede nan klas ti moun legliz. Panse afè fomasyon pitit nou yo avan ke nou rive la.

6. Travay pesonel se yon eskiz pou gade sekre.

Yon patnè ki pran poz prive epi ki pa vle pataje

enfomasyon, kominikasyon, ou mnem tan ak ou kapab genyen pi gwo pwoblèm pesonalite. Relasyon bati sou onetete ak konfyans. San sa, lanmou empeche.

Mande pouki bagay prive sa a, ki sak kache, afè kilès bagay. Pouki ou pa ka enkli? Ou bezwen tout bagay ouve ant nou nan yon relasyon ap pare pou maryaj. Sekre avan maryaj kontinye apre, epi sa se yon move baz pou lavi.

7. Si nou genyen konfli ki pa rezoud.

Èske nou toujou ap dispite san komwomi? Èske ou genyen yon bagay ke ou pa pale paske ou pè konfli? Bagay konsa kapab gate yon maryaj. Li pa bon menm pou nou fyanse si nou pa konfwonte tout bagay nou panse ka mennen kont.

Note byen ke konfwonte pa move; li bon, si ou vle solisyon! Apwwan aksepte konfli, epi aprann rezoud li ak patnè ou. Yon moun ki evite konfli, kembe nan kè epi vle patnè li kalkile solisyon ap komanse mal nan maryaj li.

8. Si nou pa genyen menm konviksyon teolojik;

Diferans piti nan de legliz nou yo kapab rezoud si nou pale afè yo, vizite legliz nou yo ansanb, epi deside kilès legliz nou pral fè pati asanb. Men, menm ant kretyen, diferans doktrin ak kwayans kapab koz divizyon nan yon maryaj.

Souvan, sa vre lè yon koup ap deside sa yo pral montre pitit yo. Si mama ak papa pa dakò afè Bondye, Bib la, ak verite Bib la kapab fè ti moun yo twouble.

Avan ke ou fyanse, diskite ak patnè a sa ou panse

de Bondye, Jezi, Bib la, ak kondwit kretyen nan lavi a. Sa va ouvri pòt pou diskisyon fomasyon ak disiplin pitit, isaj alkol, relasyon nou de ak lòt fam ak gason, ak kouman sèvi ak kòb nou. Jan nou wè lavi a va deside kouma nou fè desizyon epi li enpòtan ke nou de panse menm jan.

9. Si nou youn ou lòt genyen pwoblèm jalouzi, kòlè, ou lòt pwoblèm.

   Li ka komik lè lòt la fè jalouzi, men ki jan jalouzi ka devlope? Eskel fache pou nenpòt ti bagay? Èske li di se emosyon li yo ki fasil debalanse. Reaksyon fò souvan montre idolatry tankou renmen kontwòl, gouvène. Jis patnè ou jwen konsey epi rekonèt logèy sa a, pito tann pou li twouve imilite avan fyanse.

10. Si ou panse ke maryaj va fè ou komplèt.

    Maryaj pa fèt pou satisfe ou komplètmen. Vi ou p ap komplèt ak moun sa Bondye ba ou. Nou pa wè sa nan Bib la.

    Maryaj se pa yon delivrans de pwoblèm espirityèl, de santi nou sèl, ke nou san bi ou perèz ak pa alèz nan lespri.

    Si ou ap chache yon maryaj ak yon moun pou komplète ou, pinga fyanse. Maryaj se yon lotel de sakrifis avan tout. Ladan, nou angaje pou remen 100% menm jan ke Kris te remen legliz. Genyen ampil benefis lè nou marye fason pa Bondye, men marye ak yon panse de genyen pesonel detwi fondasyonan yon maryaj depi o komansman. Pinga di «Wi», jis nou de ansam plase tout espwa nou nan sèl moun ki ka komplète inyon nou, Jezi Kri.

11. Chache yon bon patnè: Ebre 10:24

Byen souvan, kretyen gate libete ke yo genyen an Kris lè yo inyore sajès ki nan limit libete sa. Yo tonbe nan esklavaj ap viv ak yon patnè ki pa gouvène pa Sent Espri a. Genyen ampil benefis lè nou ap viv ak yon patnè ki ede nou jwi la jwa privilèj pa pitit Bondye, epi ki p ap abize pozisyon sa a.

Nan viv ak patnè ou, chache direksyon klè. Si ou onèt lè ou fè erè ou byen ke ou manke, patnè ou va ba ou bon konsey. Konsa, ou ap rampli pi byen travay ke Bondye genyen pou ou fè. Ou va pi enteg epi ou va jere pi byen sa Bondye konfye ou. Lè ou aji konsa, ou p ap gaspiye resous yo.

Relasyon konsa pwoteje nou kont gaspiyaj. Kòm pitit Bondye, nou lib an Kris, men yon bon patnè ede nou pou nou fè bon desizyon epi pa pran libete fè move desizyon.

Yon lòt moun souvan wè bagay ke nou pa wè nan nou menm. Lè nou pèmèt li wè defo nou, nou kapab etidye tèt nou byen epi korije nou.

Osi, yon bon patnè va pwoteje ou kont move relasyon. Si ou genyen pou rann kont kote ou pase epi ak ki moun, ou va pi fasilman evite asosye ak moun ki kreye pwoblèm.

Libete san limit ka samble yon gran benediksyon, men li ka louvri pòt pou gran dezast (1 Korint 6:12). Èske ou rann kont pou la jan ou sèvi ak kòb, ak tan ou, ou byen ak relasyon ou yo? Si non, chache yon patnè kretyen pou ede ou fè pi byen. Sa va montre ke ou vrèman anvi fè Bondye plezi.

APÈL POU SÈVIS

Jezi komande ke nou youn sèvi lòt, men obeyi lòd sila pa toujou fasil. Wi, genyen lè nou renmen bay kout men. Men sèvis ki mande sakrifis, sitou pou yon moun ki dezagreyab ou engra ke nou konsidere pa merite, sa bokou pli difisil.

Kisa sa «sèvi» vle di? Gade egzanp Jezi ki te abandone plas gouvène syèl la pou viv pami moun kòm yon bos chapant ki pat genyen oken plas sosyal. Li te soufri dezone ak abi kòm si li pat genyen fòs. Epi Li te renmen menm moun ki te rejte li. Sonje kouman li te lave pye moun Li yo, yon travay de yon esklav, yon ti travay degoutan, pa janm travay yon wa. Li te konnen ke moun sa yo t ap ral abandone l, tout kapon, men sa pat chanje atitid Li.

Finalman, Li te bay vi Li pou nou, sa te pandan nou te toujou nan peche (Ròm 5:8). Sèvi lòt moun te fason pa Li, yon pati esansyèl de ki moun Li te ye, epi sa li te fè. Kòm fidèl Li, nou dwe eseye chache samble ak Li.

Konsa, sèvis yon kretyen mande an premye ke nou mouri a tout ambisyon ak bi, sèl fason pou nou ka glorifye Kris. Jezi di ke komandman ki pi enpòtan te pou renmen Bondye ak tout ke n, epi renmen lòt moun (Matye 22:37-39).

Se kirye ke se sèlman lè ke n ap sèvi lòt moun ke nous santi prezans Bondye Menm nan vi nou.

Ampil moun ap chache kè kontan nan plezi pa yo. Epi, rezilta a se moun fatige, dekouraje. Vre kontantman vini sèlman lè nou mache tou pre ak Jezi. Li montre nou kouman pou nou imilye tèt nou epi pran swen lòt moun. Epi, aksyon sa yo va beni epi ba nou kè kontan.

ESKIZ: 7 KI BON AK 8 KI PA BON

Repantans se yon nesesite nan lavi kretyen, yon bon panse, ak jan nou wè lòt moun. Repantans fèt lè nou sispan eseye viv fason ras pèdi a, epi nou ambrase sa Bondye bay nan plas viv nan peche.

Lè nou repanti de relasyon nou ak yon lòt moun ke nou ofanse, nou souvan di ke nou mande li eskiz. Pou rezon sila a, nou menm kretyen ta dwe konn mande eskiz pi byen pase lòt moun!

Lè se nou ki te pi ofanse, li kapab difisil pou konnen si eskiz la sensè, reèl, ou fòse. Li difisil poun konnen pouki moun nan mande eskiz. Eskiz kapab reèl ou fò. An nou etidye si yon eskiz bon ou pa bon, reèl ou fò selon lòd Bondye.

Mwen swete ke sa va ede nou mande eskiz jan Bondye vle, epi tou fè nou santi si eskiz la vre olye yon pawòl ipokrit.

7 PREV DE YON BON ESKIZ

Etid sa a devlope nan sans nòmal pou eskiz fèt lè moun ap pale:

1. Dirije eskiz ou a tout moun ke peche out te blese, swa direktema ou byen endirektema. Si ou pa fè sa a, yo ka kwè ke ou panse ke ou pat ofanse Bondye. Ofans ou ka fè plis domaj si li se ti moun ou byen moun k ap swiv ou. Bondye souvan sèvi repantans pou fè nou wè kouman peche nou genyen gran efè ki rive lwen, epi repantans nou montre lòt moun chemen.

    Panse de relasyon ki gate pa peche tankou yon pyès lakay ou ki gate pa poud bwa. Peche se yon fòs ki kontinye gate plis, jis li touye pa repantans ak padon. Pa genyen ti atak poud bwa lakay ou. Konsa pa genyen ti efè peche nan yon relasyon.

2. Evite di «si», «men», oswa «petèt». Mo sa yo pa genyen

oken plas nan yon repantans. Lè nou repanti, nou toujou genyen tandans admèt pi fèb ke nou dwe fè. «Si» di ke ou mande si sa ou te di te vrèman yon mal. «Men» chanje repantans an akizasyon. «Petèt » endike ke ou pa konvenk ke aksyon pa ou te mal, epi li ka kreye dispit. Mo sa yo pou soti mal epi vrèman pa repantans.

Rekonèt ke aksyon ou te vyole karakte Bondye se pa admèt ke ou te fè yon bagay san panse. Li montre ke nou admèt ke nou te mal represante karakte Bondye ke nou represante lè nou di ke nou se kretyen (Ki vle di «ti Kris» selon Travay 11:2). Lè nou chache padon, nou ap di «Mwen te manke nan bi lavi mwen kòm ambasade de Kris (2 Korint 5:20) epi mwen vle korije sa a.

3. Admèt exakteman. Yon bi de repantans (ap montre ke nou remen vwazen kòm tèt pa nou) se pou fè li pi fasil posib (ki pa janm fasil!). Nou ka fè sa si nou bay tout detay nan konfesyon nou. Yon konfesyon jeneral pito montre nou pa sensè. Ou ka montre konsa ke ou sensè, epi moun p ap doutey ou, epi yo va wè ke li saj pou padone ou. Si ou pa ka fasilman di exaktiman sa ou te fè mal, konfese an premye a Bondye. Padon pa madam ou pa ka ramplase padon pa Bondye!

4. Mande padon pou blese ke ou te fè. Peche genyen konsekans, espre ou pa espre. Repantans montre santiman pou moun ki te ofanse pa rezilta peche nou. Li fè nou santi efè li sou moun nan.

Refleche si peche ou te nouri yon peche ki kontinye nan vi ou. Sonje ke bi repantans ou se yon efò pou fè moun ki te ofanse wè Bondye pi byen, epi pou li fè ou konfyans.

5. Aksepte konsekans eskiz ou. Repantans se pa yon

negosiyasyon afè peche. Men li ka fè ou pi fò, epi kreye konfyans.

Moun ke ou mande padon genyen dwa mande pinisyon, disiplin ou byen chanjman vizib.

Fini konvesasyon an ak yon kesyon «Ki jan pou m montre ou ke mwen sensè?

6. Chanje kondwit ou, pou moun nan sa wè ke ou serye, ou byen pawòl ou te an ven. (Lik 14:28-33)

Nan Levanjil nou twouve ke si nou mouri a nou menm, nou gagne Lavi.

7. Mande padon epi bay moun nan menm tan pou padone ou ke out te pran pou mande li.

8 PREV DE YON MOVE ESKIZ

Tout moun rekonèt ke genyen bon ak move fòm repantans, nan panse rasyonèl ak nan sans biblik (2Kor. 7:8-13). Men li difisil pou rekonèt si se yon fo repantans. De moun lespri kapab genyen diferan opinion si yon moun vrèman sanse ke li repanti, si li sèlman regrèt ke yo dekouvri l, ou si l ap chache pozisyon genyen rezon.

Genyen de diferan lide afè moun k ap fè mètdam. Genyen kèk mo ki pou fè nou wè vit. Osi, genyen kèk fraz ki pou fè wè ke moun nan pa sensè, epi li p ap kapab renouvle.

Malpoze #1: se pale poukisa li te ofanse plis pase kouman li fè li. Sa kapab vre ou byen fò. Li ap chache fè blam nan pa pou li.

Malpoze #2:Moun ki sèvi repantans pou genyen miye pozisyon pa menm santi sa. Yo sèlman vle pi alèz, pa jene. Konsa yo di

1. Mwen konnen m genyen defo

2. Mwen pa fè pretans

3. Ou ap pale de peche lontan

4:Ou konnen mwen pa moun k ap fè bagay konsa...Se pa sa mwen te vle di.» Sa fè moun nan oblije rekalkile afè a.

5. Mwen di ke m regrèt sa. Kisa pou m ta fè an plis...ki sa ou vle? Sa montre ke ou pa padone, ou fèb, mechan. Ou di moun nan pa rezonab.

6. Ou pale plis de tèt ou, olye moun ke ou te ofanse. , ki fè ke ou toujou koupab.

7. Pale twòp de eksperyans pa li montre ke yon moun panse plis afè eksperyans pa l, olye moun ke li te ofanse. Nou dwe sèlman pale de tèt nou pou di nou mande padon. Bon repantans panse afè blese ke li te bay lòt moun nan.

8. Pwomèt fè pi byen pi devan se pa sèten. Yon semp regrè pi komplèt.

DIS SIY DE YON LIDÈ
EMB OLYE AWOGAN

Kòm lidè, nou toujou tante pa ogey pozisyon chèf pou nou empoze volonte nou sou lòt moun. Fòk nou priye pou nou pa tonbe nan logèy.

Kompare lidè emb ak lidè awogan:

1. Lidè emb genyen tandans pataje resous yo, swa gran ou piti. Lidè awogan genyen tandans gade resous yo si yo pa resevwa kichoy an retou.

2. Lidè emb genyen tandans fè relasyon. Yo p ap meprize lòt la. Lidè awogan tande travay sèl, ap refize travay ak lòt moun, sitou sa ki genyen lòt opinyon.

3. Lidè emb inyore tripotay paske yo konnen toujou genyen yon lòt explikasyon. Lidè awogan tande koute epi gaye tripotay, pou yo ka santi ke yo pi bon, yo menm.

4. Lidè emb tande fè avanse lòt moun kòm chèf, men yo pa chache plas chèf, yo menm.

5. Lidè emb tande selebre akomplisman lòt moun, olye pa yo menm. Lidè awogan tande inyore akomplisman lòt moun si li pa flate yo menm tou.

6. Lidè emb genyen tandans poko jije lòt moun. Yo konnen tout moun pa toujou fè tout sa yo ta kapab. Lidè awogan tande panse sa ki pi mal paske yo enkapab wè defo pa tèt yo.

7. Lidè emb tande wè ke genyen ti diferans explikasyon paske yo wè ke yo konn fè erè jijman plizyè fwa deja yo menm. Lidè awogan wè tout bagay nwa ou byen blan. Yo pa rekonèt lidè pa lòt moun valab, tou.

8. Lidè emb genyen tandans sansib. Yo souvan bay lidè moun vale. Lidè awogan tande rèd. Yo p ap aksepte kritik.

9. Lidè emb genyen tandans remen rann kont paske yo konnen ke yo bezwen li. Lidè awogan santi li nwi kòm pèdi tan.

10. Lidè emb tande admèt erè ke yo fè, paske yo konnen ke yo pa pafe. Lidè awogan genyen tandans blame lòt moun lè yo manke. Yo pa ka rekonèt tandans peche pesonel pa yo.

JEZI KRIS SE LIDÈ PAFE

Si lis la akable ou ak panse ke ou pa ka pa janm yon lidè emb, wè bèl verite ke nou deja genyen examp nou nan Jezi ki yon lidè emb. Epi, Li pa sèlman yon egzanp pou nou respekte; Li se limaj ke n ap devni, pa pouvwa Sent Espri a ki ap aji nan nou.

Jezi montre ke pozisyon lidè komanse a la kwa. Nan Matye 20:26-28, Li de ke moun ki vle lidè pou esklav pèp li avan, menm jan ke Li te vini pa pou chèf, men pou sèvi, epi pou bay vi li pou ampil moun. Jan 13:1-17 montre ke Jezi te yon lidè sevitè ki te lave menm pye moun ki pa fidèl, yon gwo chok pou monden yo. Nan Lik 22:26 Li montre ke chemen monte se chemen desan n, epi nan Mat 20:16 ke lè dènye va lè premye. Nan wayom Li, ambisyon mennen a lanmò, men Filip 2:2-9 montre ke sèvi lòt moun jiska lanmò mennen a lavi.

Nou wè ke logèy ki lan ke nou fè ke menm kretyen ki vle emb kòm Jezi oblije lite san fen. Otou nou, le mond pran poz epi yo adore moun ki popilè ampil. Men, le mond grate tèt yo lè yo wè moun ki sèvi lè Non de Jezi pou chache fè tèt yo popilè. Se tris, si nou ogeye konsa, epi li fè konfizyon.

Genyen gran bezwen de kretyen emb ki lidè, kretyen ki vrèman samble Kris nan jan yo viv epi gide troupo a. An nou etidye tèt nou ak seryosite epi viv pou Li ak imilite pou temwagnaj ak glwa Li.

CHANJE MANM K AP SWIV, EDE YO TOUNEN LIDÈ

Pa lontan sa, te genyen yon tris skandal nan yon legliz. Legliz te grandi byen bèl, men li pèdi pastè li ki te fonde li. Apre kont bouyay, kongregasyon an te mande li bay demisyon! Te genyen ampil moun mekontan sa paske yo te renmen li. Tout skandal la tè soti nan jan li te lidè yo.

Malerezman, fason legliz la tè organize pat evite twoub la. Moun yo ke pastè a te amplwaye te devni dyak! Yo te plegne afè kichoy ke pastè a di te vre. Kèk manm te santi ke yo te dirije olye gide. Lòt moun di ke pastè a te yon lidè ki te rèd. Malgre tout sa a samble sitiyasyon an te extrem, se pwobab ke li te ka evite. Manm yo te bezwen konnen wol yo epi kominike nan fason Matye 18:15 a 17. Nou pa genyen tout detay yo, men lè yon òganizasyon tanme gaye, odineman se paske lidè ak manb pa t ap kominike byen.

TRANSFOME OLYE EXPLWATE

Premyèman, relasyon lide ak manb se plis transfomasyon pase explwate. Fè lide se entansyon chanje pèp ak òganizasyon pou lè mye. Sa vle di kominikasyon ale vini ant de pati yo. Men, entansyon sa a te pèdi nan ambisyon moun nan legliz sa a.

YON LESON NAN ISTWA NOEL DE SCROOGE

Istwa Charles Dickens afè youn granmoun kripya ki devni yon bon tonton jenere se yon bon egzanp de lide ki transfome. Lè istwa la fini, Scrooge te vin byen konprann kijan nou tout bezwen lòt moun otou nou. Epi, li te sèvi byen li pou chanje vi lòt moun paske li te chanje.

Li ekri ke bon travay lidè chanje kondwit ak ambisyon lòt moun. Konsa, tou lè de pati aten pi bon motif ak moralite. Bi yo petèt te komanse ak de ambisyon diferan, men yo dwe devni yon.

Kan lidè vin genyen kredibilite pa echanj ak manb, yo gagne pouvwa pou fè manb yo chanje epi gagne pi bon motif ak moralite. Men, sa mande lwayote ak desizyon pou swiv lide a. Nan ka bèl legliz la ki te gaye, sa te manke. Epi paske yo pat genyen bon panse, say yo te anvi pat reyalize.

JEZI, YON LIDE MODEL

Oken lòt lide pa janm fè enfliyans sou moun ou byen chanje le mond pi plis pase Jezi de Nazaret. Nan Jezi nou genyen pi bèl examp de lide.

Jezi te konprann vale ak bezwen de moun yo ki t ap swiv Li. Li te pran pa nan aksyon ke Li te bay yo lòd fè. Pou examp, Li te rampli kanot yo ak pwason, epi sa fè ke yo te fidèl epi ke yo te akompli lòd ke li te ba yo. Nan tout kontak ak yo Li te montre yon vre entere nan afè yo. Rega Li pou yo te manifeste nan plizyè aksyon de lanmou, jantiyès ak sèvis ke Li te fè, epi sa te transfome yo.

Kòm rezilta disip Li te pi deside nan obeyi li nan akompli bi ke Li te explike. Li te transfome yo pa lansèyman, komandman ak lanmou. Yo te devni lide brav epi deside. Misyon pa li te devni misyon pa yo. Yo te tèlman deside ke preske tout te mouri nan sèvi li. Pouvwa disip yo pat soti nan pozisyon Li. Se te pa relasyon ke Jezi te fome ak moun ki te swiv Li. Nou wè ke legliz ak òganizasyon reyisi byen lè yo swiv model sa a.

Lidè pou aji ak imilite, pa kembe nan kè

Lidè dwe padone ofans moun ki korije yo menm, menm jan ke yo padone lòt moun. Yo dwe genyen gras, imilite ak padon, yo pa dwe gen santiman vanjans. Li dwòl ke lè erè fèt nan yon òganizasyon, lidè konn atake moun ki dekouvri erè la olye chache korije sa ki pa bon, sitou lè ke sansibilite li ofanse. Olye padone, li fache, epi chache vanje li sou moun ki ofanse yo. Li fè moun ki kritike li peye petèt pa fè fò rapo sou yo, pou fè yo pa jwen travay. Sa li fè soti nan yon ke ki pa padone.

Se malere ke yon etid Ameriken di ke sèlman 40% de travayè genyen amplwayè yo konfyans. Komès de kompagni ki genyen amplyaye ki genyen amplwaye ampil konfyans grandi twa fwa plis!

Lè moun fè plis ke 8 è tan kanpe nan yon travay, kèk erè va fèt pa moun fatige. Koutim blame ak mande peman pou erè rann chèf travay la enkapab de inspire travayè li yo.

Lide ki fè yon travay mache byen pèmèt travayè eseye epi fè erè san blame yo. Lè ke lide fè konsa, manb ekip yo genyen konfyans epi fè esey. Padon kreye konfyans epi fè moun alèz ansam epi lidè ki p ap padone pèdi prestij. Lide genyen opòtinite bliye erè, olye chache pini, epi sa bay manb gwoup la opòtinite devlope travay la. Lide dwe genyen lòt moun nan gwoup la konfyans pou yo pa tripote l, lè li admèt erè. Lè se konsa, moun onore lide yo paske yo wè ke li onèt.

Pou examp, Stan Goult te chèf tout bos nan kompagni «Rubbermaid» pou vent an. Chak twa mwa, yo van plis! Apre sa a, li fè kompagni Goodyear fè menm pwogre, Te genyen yon moun ki ekri ke li te yon wa ki di. Li reponn ak bon jan ke malgre li te yon wa ki di, li te osi yon wa ki sensè. Men, li di osi ke li wè danje kan yon wa gonfle ak enpòtans epi li te di ke fòk yon chèf admèt erè.

Li te di «Pèsonn korèk toutan, epi se pa li sèl ki genyen tout bon lide yo.» Mwen pa kwè ke nou genyen pou kreye konfli, men nou pa ka evite li. Enfomasyon afè yon bagay kapab chanje, epi chanjman inatandi kapab fè nou chanje sistem travay. Il fò ke nou kapab gade lè choz epi di bagay yo chanje. Fòk chanje fason pa twouble nou. »Pafwa lògèy ou pa pèmèt nou admèt ke nou fè erè ou ke nou dwe chanje fason travay. Konsa souvan yon lidè oblije emb, epi imilite komanse ak gras, padon, ak admèt erè. Èske li difisil? Wi! Èske li bon? Toujou!»

MALADI CHÈF

Genyen ampil bagay ki ekri afè abi pouvwa pa moun ki genyen direksyon, ak abi de konfyans ke yo fè. Genyen ampil moun ki samble yo genyen chanjman nan karakte yo lè yo ap dirije. Jan yo tonbe abizan, sedwi pa pozisyon yo, ap sèvi tèt pa yo afekte òganizasyon an. Ampil direktè òganizasyon tonbe renmen pouvwa epi sa menase kompagni yo. Lè ke manb afè a wè sa, souvan kompagni a gentan gate nèt.

Souvan, maladi chèf soti nan mank de rann kont, ak mank òganizasyon biwo ou byen mank de kominikasyon. Chèf la kapab anvi tande sèlman bon nouvèl. Moun bò kote li kapon, yo pa vle rapote, ou byen mande kesyon. Li kapab konn meprize moun ki bay move nouvèl. Konsa, yo pè pale pou di li ke desizyon li pa bon, ou byen yo ba li move nouvèl lè li deja twò ta pou evite pwoblèm.

Lè relasyon nan gwoup la manke konsa, efò compagni la kapab fè fayit, epi kompagni la mouri.

Li enpòtan pou nou konnen ke nenpòt efò kapab mouri akoz maladi chèf ki plen de li menm. Legliz osi kapab fèmen. Lide li dwe montre Levanjil ke legliz anseye – lanmou, la jwa, lapè, pasyans, jantiyès, bontey, fidelite, douse, ak polites.

Si lide pa santi obligasyon viv ak fason kretyen sa yo, li ka santi li genyen dwa ak pouvwa. Se pout tèt sa a ke kondwit lide dwe selon vale sa yo. Si li viv kòm kretyen ak ke li ki kondwi pa Jezi, sa fè legliz ak manb li yo stab epi beni. Si nou gade rapo politisyen, nou wè ke yo sinik, enstab. Legliz dwe genyen lide ki viv ak Jezi pou li sa stab, epi grandi.

MANFOUBEN PA PRIYE

Bondye vle beni nou. Li vle ba nou selon bezwen nou, men moun pafwa tèlman sou moun, manfouben, ogeye. Yo panse ke yo ka degaje pou kò yo kòm Jak 4:1-2 di nou. Yo fè plan travay, fè mètdam, bat, ap eseye nan fòs pa yo pou jwen sa yo bezwen. Se pou nou rekonèt ke manke priye se peche, epi li va fè nou tonbe nan lòt peche.

Pa genyen yon pwoblèm ki pa ka rezoud ak la priyè. Pa genyen oken pwoblèm ki twò gwo; sèlman moun twò piti pou rezoud yo! Lè nou priye ak imilite epi remèt gran Bondye Nou tout detay, nou va konnen lapè nan kay la ak nan kè nou. Senyè a vle beni nou, epi nou va beni si nou priye ak imilite.

Pwoklame pa lafwa

Lè yon lide pale de vizyon lèv, Bondye akompli travay li pa kanal lide la ak twoupo li. Nan Mak 11:23, Jezi te ba yon egzanp lè li te di ke si yon moun mande ak lafwa ke yon mòn va wetire epi jete nan lanmè. Kèk lane pase te genyen yon gwoup oflen de lagè nan yon mezon kretyen bò tèt yon mòn. Yo te priye konsa, epi pa lontan, traktè lame Ameriken te taye tèt mòn nan plat epi yo te genyen yon teren je. Sa te bay ti moun yo konfyans nan Jezi nèt ale.

Jezi te di disip li yo

1. Di sa ou anvi.
2. Pinga doute.
3. Genyen lafwa ke Bondye va reponn nou.
4. Priye Bondye pou li sa «wete mòn nan».

Pastè Suliasi Kurolo nan peyi Fiji ki kompoze de yon pil il gwo ak piti te di li t ap ral frape sou tout pòt kay nan gran il kote li te rete. Li te komanse fè moun konvèti, yo te mande fè yon legliz, epi kòm legliz yo te frape sou tout pòt kay nan tout il la. Lè sa a, li chanje kay. Li al rete nan kapital peyi Fiji ak bi pou frape sou tout pòt nan tout peyi Fiji. Jodi a genyen yon legliz sou chak il nan tout Fiji.

Apre sa, Pastè Kurolo di l ap fè san mil legliz sou tout il nan Losean Pasifik. Li gentan rive sou sèt mil.

Jerry Falwell te soti pou frape sou tout pòt nan zalantou vil li, Lynchburg. Lè li te genyen 35 moun konvèti, li lwe yon vye izin kola. Yo betone a tè a, meble kay la, mete ban, epi kontinye grandi. Yo fè yon bèl legliz kote ti izin nan epi li vin plen. Yo fè yon trè gwo bèl legliz kote l ki vin rampli manb. Li di li vle touche tout kay nèt nan peyi Etazini. Li preche sou radio ak 220 stasyon televizyon jis li kouvri katreven disèt pousan peyi a.

Youn nan pi gran expresyon de lafwa se pou di an piblik sa ou espere, epi li va fèt. Jerry te louvri yon ti lekòl biblik nan yon ansyen lotel ak 250 etidyan. Lotel la vin twò plen (David Turnbull pitit mwen te etidyan ladan li.) Yo sèvi diferan pi gwo local jis otorite yo di li yo bezwen kote lekòl la tè ye pou demoli epi rebati.

Yon jou ive 1976 ki te genyen ampil la nej, Jerry Falwell te ale ak pliske 1200 etidyan yo sou mòn anwo vil la pou kampe nan nej epi chante «Mwen Vle Mòn Sa a!» lan televizyon epi Jerry di li bezwen yon milyon dola. Kòb la tame vini. Yo pase traktè epi komanse premye dotwa pou linivesite. Pa lontan apre, li mande Bondye 10000 moun nan Lekòl Dimanche, etsetera. Jodi a Liberty University pi gran pase tout lòt lekòl kretyen, epi nouvo legliz sou mòn nan kembe 3 sèvis lekòl dimanch 5 mil chak.

An 1946 lè nou te komanse sou mòn nan Fermathe, trè ra gren moun ki te ka li, epi Port-au-Prince te pye atè. Gwo Vodou t ap poze zak vizib patou, epi kretyen te trè ra. Ak lafwa nou fè premye reyinyon ak twa moun iletre. Jodi a 357 legliz, ak stasyon fè pati Misyon Batis Konsevatris epi genyen 55 mil elev nan lekòl yo ap tande levanjil. An 1946 nasyon an te 3 milyon moun. Ak swen komanse pa ti dispanse kretyen, jodi a Haiti gen 12 milyon. Epi, jodi a, Ayiti 50% Levanjil epi preske kantite sa ka li epi ekri. Ampil jen ap etidye nan plizyè linivesite, epi Satan fache, ap frape kò li atè. Mwen di nou pran mwatye pèp li, epi nan non Jezi, n ap pran rès la!

Priye ak mwen ke latè va tande bèl nouvèl k ap soti nan peyi Ayiti!

PWOFESÈ DIVEN NOU AN

Rezon pouki ampil moun pa li Bib la se paske yo pa konprann li. Pouki ampil kretyen pa konprann verite li yo? Petèt se paske yo pa mande pwofesè Diven nou an pou ede yo. Sa se travay Li.

Souvan, lè nou tande lòt kretyen pale, nou panse «Mwen p ap janm rive nivo etid moun sa.» Men sa ki pi enpòtan se pa nivo etid ou, men si ou ap grandi an konprann. Espri a va montre ou sa ou bezwen konnen, pa neseseman bagay lòt moun konnen. Paske Li vle fè nou moun ki sen, Li va ba nou sifi verite chak jou pou chanje vi nou. Li va bay chak moun mesaj ak konnensans ke yo bezwen, lè yo li Bib la.

Bi Espri Sen an, se pa pou li plen tèt ou enfomasyon, men pou fè ou genyen yon relasyon pi pwofon ak Senyè a. Li vle ke ou tèlman konnen verite ke ou an lanmou ak Senyè a. Lè sa a, ou va anvi pase plis tan nan Bib la epi konnen li pi byen.

Men, tout trezo ki nan Pawòl la va toujou kache pou ou, si ou pa mande Pwofesè la fè ou konprann yo. Chak fwa ke ou ouvri Bib ou, mande Senyè a pou ou konprann. Yon relasyon intim ak Kris ap tann moun ki pèmèt Lespri Li fè yo konprann panse Bondye, Pwofesè Diven nan.

AP SÈVI KRIS

Rete yon moman pou panse afè bi lavi ou. Èske ou ap viv pou enterè oswa pou siksè ou? Èske efò ou santre sou fanmi ou? Èske ou vle chanje la sosyete pou tout moun ka viv pi byen ? Tout bi sa yo, menm dènye a ki parèt si bon, yo tout initil. Sèl bi ki genyen valè ki dire se sèvi Kris. Kòm disip Li, nou dwe chache viv kòm Li. Nan Mak 10:45 nou li «menm Pitit Lòm pat vini pou moun sèvi l, men pou li te sèvi.» Nou onore li lè nou fè tankou li.

Men pafwa nou kaponen lè nou wè gran fason kèk lòt kretyen

ap sèvi li. Ak Bondye kote l, Wa David te mennen lame l yo nan lagè. Jodi a, genyen kèk evanjelis ki preche foul plizyè mil moun, epi ampil moun konvèti. Kouman pou nou twouve ke oken aksyon nou sanble ak pa yo?

Malgre konpare ka dekouraje nou, genyen kretyen ki fè lòt eskiz pou yo sa pa menm eseye. Pou egzanp, yo di ke yo pa genyen eksperyans ou byen ke pesonalite yo pa adapte a travay ki presante. Men, Apèl chak moun deferan. Li va ba nou pawòl, abilite ak sikonstans pou nou ka fè sa li vle akompli. Sonje se Papa n ki fè diferans la. Nou se semp enstriman li epi nou beni lè li chwazi nou.

Èske ou montre ke ou renmen Senyè a, ap sèvi lòt moun? Se pou nou viv chak jou pou nou ka di chak swa»Senyè, mwen te fè miye m pou m te sèvi ou jodi a.»

REPOZE NAN FIDELITE BONDYE

1 KORINT 1:1-9

Lè plan nou fwistre ou byen lavi samble li dekonnekte, moun souvan mande si Bondye abandone yo. Yo di pouki Li pa reponn priyè yo. Bib la bay repons pou ankouraje nou. Li pale de fidelite le Pè. Li di «Konnen donk ke Senyè a Bondye pa ou, Li se Bondye, lè Bondye fidèl, ki fidèl a pwomès ak lanmou janti li a mil jenerasyon moun ki renmen li epi ki gade komandman li yo. (Deteronòm 7:9)

Senk kalite Bondye ki montre fidelite Li:

Premye, Li omnisyan ki vle di Li konnen tout bezwen nou ak tout panse, feblès, dezi, ak sityasyon lavi nou lan pase, prezan ak k ap vini.

Dezyèm, li tou pwisan ki vle di ke agne pa twòp pou Li. (Jeremi 32:17)

Twazyèm, Li Omniprezan, ki vle di Li toupatou, nou ka jwen li nenpòt kote, a tout tan. Kontak ak Li konstan.

Katriyèm; Li pa ka manti. Tout sa li di vre epi kredib.

Senkyèm, Li ap gouvène tout bagay, epi l ap okipe nou.

Sikonstans nou ka dolore ampil, men menm lè sa a, Bondye ap dirije, epi l ap devlope tout bagay pou byen pitit Li.

Nou ka repose ak konnensans ke Bondye linivè a ap okipe nou.

SANKTIFYE PA PASIF

1 TESALONIK 4:1-8

Èske ou konnen ke Bondye pat sove ou sèlman pou epagne ou de lanfè epi pou fè ou rive lan syèl? Sa Li vle de ou pandan ou sou latè se pou fè ou lan pòtre Pitit Li (Ròm 8:29). Men pandan nou sou latè, Bondye pa fè tout travay sa pou nou. Nou responsab koopere ak Li pou travay ak Li pou sa ka fèt. Men ampil kretyen dòmi sou lafwa Yo tolore peche, ap repete ke person pa pafe.

Lè ou te aksepte Kris kòm Sovè, ou te pran sèlman premye pa nan mach ak Li, yon mach ki pou dire tout lavi ou. Men osi ou te antre nan batay ak Satan. Petèt lènmi pèdi posesyon nam ou, men li pou fè tout sa li ka fè pou embete, mele epi detoune ou Dènye bagay li ta vle se yon sen ki cho pou sèvis Senyè a epi itil nan wayom Li.

Ampil kretyen abandone responsabilite vivyon vi sen. Aktyèlman, genyen ki viv tankou le mond. Apot Pòl pale espesyalman de imoralite kote moun fè kompwomi ak le mond, men an verite nou dwe evite tout sa ki pa onore Bondye.

Èske ou pèmèt yon akson lan vi ou ki pat dwe la? Si wi, sispann. Ou pa vle yon fil peche devni yon kòd, epi on chen n, epi finalman yon kab asye ki antodye ou. Retounen epi mande Senyè a kontinye ede ou grandi nan Li.

PREZANS BONDYE NAN OU

EFÈZ 3:14-21

Genyen pafwa nan peyi ki poko genyen gwoup levanjil ke kretyen ale komanse pale de Jezi. Plizyè fwa, genyen moun ki wè kondwit yon ladan yo, epi l mande si se nom sa a ki Jezi. An Ayiti souvan nou chante «Mwen vle samble Jezi.»

Èske ou konn mande si ou komplèt? Nan lavi nou ka santi ke nou manke, men nan vèsè 19, apot Paul ba nou espwa. Li di «rampli nèt ak grandè Bondye». Èske sa samble nou manke?

Yon moun ki komplèt santi li satisfe an jeneral ak lavi. Li santi moun renmen li epi li ka renmen moun an retou. Difikilte ak tan difisil pa kraze l, paske li ka pase ladan yo ak konfyans nan Bondye. Li se pa yon moun ki plegne ou byen yon moun ki blame lòt moun pou mank pa li. Yon atitid pozitif pwoteje panse li paske li konnen ke Senyè a va fè tout bagay soti trè byen kòm se ekri nan Ròm 8:28.

Lè nou konvèti nou pa komplèt imedyatman. Rampli vini lè nou konnen lanmou Bondye pou nou. Genyen moun k ap preche pou plizyè lane ki rekonèt nan tèt li ke Bondye renmen l, men li pa vrèman santi li. Men, lè li sonje tout sa ki rive li nan chemen lavi, li sezi kouman Bondye te ambrase li ak lanmou depi tan. Epi, lè sa a li dekouvri la jwa ap mache nan volonte l. Nou chante «A la bèl jwa mache ak Jezi!». Se paske nou genyen konfyans ke l ap sonje bezwen nou.

Èske ou santi lanmou Bondye, ou èske se sèlman yon verite

biblik pou ou? Si ou vle antye, se pou genyen relasyon intim ak Jezi Kri. Se posib sèlman lè ou onètman lese li konnen ke ou pou li sa wete sa ki empeche ou konnen lanmou li.

Pastè John Turnbull te toujou di Jezi pa ka rete nan yon ti kay ak yon pyès fèmen ki plen ak yon ban po bèt k ap seche.

LAPÈL BONDYE POU SÈVI LI

MATYE 4:18-22 / RÒM 10:11-15

Si Bondye fè ou santi ke ou pou sèvi l, ou va regrete si ou ezite. Pòl montre sa nan Ròm 10 ak pil kesyon li yo : Kouman va le mond tande si ou menm ave m pa fè anyen? Moun fè tout kalite eskiz tankou «Mwen poko pare», osw «fok mwen fin fè tel bagay.»

Nou te genyen yon koup ke nou te byen ak yo ki te santi ke yo te dwe travay ak yon sosyete k ap tradwi Bib la nan tout lang. Yo te genyen de pitit fi ke yo t ap sipòte nan etid siperye. Yo elve pitit yo epi yo fè etid siperye pandan madam nan ap travay nan sosyete Bib la, jis yo marye. Nom nan di ke fòk li fè yon milyon dola nan biznis li avan pou li ta al jwen madam li nan sosyete Bib. Li fè li vre, epi li ale pou travay menm kote ak madam li. Li fè yon gwo kriz ke ki lese li demi paralize, epi avan lontan li mouri. Madam li kontinye travay la, epi metna li genyen bèl ti pitit fi. Moun pa bay Bondye kondisyon pou sèvi li.

Mwen sonje ak regrè lè mwen te jen n, mwen te byen ak sèten moun, men mwen pat genyen kouray pou m te pale direk afè letènite epi priye ak tout moun avan ke nou separe apre yon vizit, menm si li poko konvèti. Moun nan gentan mouri tou tafyatè avan ke mwen santi m pale ase fasil ak moun ki pèdi.

Nou bezen konprann ke apèl Bondye pa genyen repons selon lide pa nou ; Li vle ke nou obeyi li epi rann tèt nou. Li fè appel Li ak sajès pa l, Li ba nou lide li epi Li konnen kouman sa va itil, epi kouman konfyans nou va grandi. Nou responsab genyen lespri pou reponn a Lapèl Bondye ak sajès. Li fè plan pou nou epi Li konnen tout sa k ap vini.

Nou ka travay pou Jezi nenpòt kouman nou ye, nan nenpòt sikonstans si nou genyen sajès pale ak dousè e ak respè. Konsa, priye epi bay ti pawòl semp. Simen epi pawòl la va grandi.

Konnen gran Dye nou an

Revelasyon 4:9-11

Nan tan n ap viv moun souvan pa respekte Non Bondye. Aktyèlman, moun sèvi Non li pou plegne, ou kòm souwet madichon. Menm moun ki renmen li sèvi ak Non Li yon fason leje. Yo di «O, Bondye!» san panse sa y ap di. Lè ou priye benediksyon avan manje sa li ba ou, èske ou sonje ke ou ap pale ak Gran Kreatè Bondye tou pwisan ki gouvène linivè? Fason nou panse afè Bondye fè gran efè sou twa pati lavi nou.

An premye, li afekte priyè nou yo. Tout tan ke nou rekonèt Li pi byen, sa nou vle vin samble plis ak sa Li vle, epi sa nou mande vin pi dakò ak sa Li vle fè. Epi, lè nou rekonèt grandè Li, nou va konfyan ke l ap fè gran travay, epi nou va mande li fè pi gwo travay ankò!

Dezyèm, degree nou konprann jistis ak bonte Bondye afekte kondwit nou. Bondye nou gran epi plen lanmou men li konn pini osi. Konsa, nou dwe trè kontan obeyi li pou byen tèt nou. Nou va renmen jistis, epi nou va vit repanti.

Twazyèm, lafwa nou afekte. Lè nou sezi ke Jezi sen, bon, epi pwisan, sa devlope konfyans nou nan Li. Konnen Bondye Nou si gran epi sonje gran travay Li yo va devlope konfyans nou nan Li.

Èske ou genyen relasyon pesonel ak sen Bondye lanmou ki

Papa Seles nou sa? Li envite ou nan yon relasyon intim ak Li. Men, kòm se vre de tout relasyon, pran tan epi fè espri nesesè pou konprann Li, epi pou aprann fason pa Li. Pi plis ke ou fè atansyon a Li ak relasyon ak Li, priyè ou ki se pale ak Li, epi kondwit ou ak lafwa ou va devlope.

L ap envite nou viv epi travay nan lèv l ap akompli Jodi a.

Gran plan Bondye

1 Tesalonik 5:23-24

Li mal pou kwè, men plan Bondye genyen pou vi ou depase tout sa ou ka imajine. Aktyèlman, lavi sou te sa a tèlman fè nou okipe ke nou pa genyen tan pou reflechi sou kouman li ta ye pou nou ta antyèmen sanktifye a Bondye.

Nan lavi kretyen, sanktifye fèt pa twa etap. Menm moman ke nou konvèti, Bondye mete nou apa pou sèvi li. Epi, pandan tout lavi n, Li travay pou fè nou samble ak pitit Li. Men, yon jou va genyen yon pi bèl fen a sanktifikasyon nou. Nou ap lite ak peche tout lavi sa, men lè nou mouri, espri nou ak nam nou va monte nan syèl epi yo va lib de peche. Nou va wè Sovè nou fasafas avèk jwa depase. Nou p ap lite ankò ak logèy ni pasyon la chè ak anvi zye nou (1 Jan 2:16).

Men, malgre sa va gloriye, li se pa etap final. Yon jou, Jezi va desan soti nan syèl la, ap mennen ak Li tout nanm moun ki te mouri ap sèvi li. Yo va reyini ak kò yo ki va resisite, epi moun ki twouve vivan ap sèvi Kris va chanje.

(1 Tes. 4:14-17, 1 Korint 15:51-54) Lè sa a sanktfikasyon nanm, espri, ak kò va komplèt.

Sa se pa yon kont pou andomi moun, men se vre destin tout kwayan. Bondye li menm pwomèt fè li. Nou va mache lan prezans Li, san tach ou byen repwoch, pou tout letènite. Lè ou sezi sa a, kouman ou pral viv jodi a? Pwomès ke nanm ou va sove se pa sèlman pou ba nou lespwa, men koz pou fè nou viv yon vi sen.

ÈD DIVEN PA NOU

JAN 14:16-18

Èske ou konn swete ke ou te genyen yon numewo telefòn pou rele syèl la chak fwa ke ou genyen bezwen? Eh, byen, men bon nouvèl pou kretyen. Nou tout genyen èd ki pi pre pase yon kout telefòn. Èd nou rete andedan nou. Men, si nou inyore L. nou va manke ampil opòtinite pou nou ta benefisye pi gran bagay ki exist nan vi kretyen, prezans Sent Espri a.

Kris te konnen ke lè li ta lese latè ke disip Li yo ta manke, yo ta totalman enkapab pou fè travay ke li ta ba yo pou evanjelize tout latè. Malgre yo te fè twa zan ak Jezi, tout sa yo te wè epi aprann pat ap sifi pou pare yo pou sa yo pral kontre. Yo te bezwen èd Bondye, epi nou bezwen li tou – Peson sa ki va ede n, bay sèvis fòs, epi chanje nou kompleman.

Sèlman lè Sent Esri ka fè tout sa. Gade ki jan Li ye:

1. Li se yon èd pesonel, pa yon semp fòs. Li egal ak Papa Bondye epi ak Jezi Kri.
2. Li se yon èd Pratik ki ede nou nan tout aspe vi nou
3. Li se yon èd kapab – li ka fè tout, konnen tout, epi li toupatou
4. Li prezan, Li la toutan e l ap viv nan nou.

Èske ou genyen yon bezwen ki mande plis fòs pase toupisan? Èske ou anfas yon desizyon ki mande pliske konnen tout? Nou p ap rankontre anyen ki pi gran pase person prezan toupatou ki viv nan nou tout tan. Se pou ou trankil epi konfyan. Ki nenpòt defi ki rive, Li ka ede.

BONDYE SOUVREN SOU DELÈ

PWOVÈB 16:9

Pèsonn pa kontan tann, men èske ou panse pouki? Se paske delè montre nou ke nou pa chèf sitiyasyon an. Yon lòt moun responsab. Menm si nou pa ka wè sa ki koz yon delè, tankou nou oblije kampe an lign pou fè yon bagay, se Senyè a ki anwo tout sitiyasyon. Paske li souvren sou tout bagay sou late, menm tan ak ore nou nan men Li.

Sa vle di ke chak jou nan chak delè yon fason ou byen lòt se aktyèlman Bondye ke n ap tann. Petèt ou te panse ke tann Senyè a vle di w ap tann yon siy pou gide w ou byen repons la priyè, men li bokou plis. Se pou ou konnen ke Li ap kontwòle menm sa ki fwistre ou nenpòt lè.

Pwochen fwa ke ou rankontre yon reta enkonvenyan, sonje ke Bondye pa siprann. Li vle ke ou aprann pasyans epi ke ou genyen plis lafwa nan Li. Li pi enterese nan devlope karakte ou ke lan plan ke ou trase.

BONDYE AP TRAVAY

JAN 5:16-19

Nan tout Bib la, nou wè Bondye ap travay nan lavi moun. Pafwa Li fè li ak gwo jes dramatik, tankou lè li te pataje Lanmè Rouj pou pèp Izrayèl te ka echape lame peyi Lejip la. Genyen lòt lè ke samble li p ap fè anyen tankou lè ke Mari ak Mat te priye Jezi vin sove frè yo Laza ki t ap mouri lakay yo. (Jan 11:3-6)

Papa nou ba nou Lespri Sen pou ede nou rekonèt prezans Li ak travay Li. Espri Sen an devlope lespri pa nou pou nou ka disène ki lè ak ki kote L ap travay.

Fòk nou devlope pasyans ansanb ak dezènman, paske Senyè a travay selon lè pa Li, non pa lè pa nou. Apre Bondye te pwomèt Abraham plizyè desandan, li te oblije tann nan lè ke li menm ak Sara te twò vye pou fè pitit, pou Sara te ka ansent. Si nou pa genyen pasyans, nou ka fè menm erè ak moun sa yo, epi swiv soufrans.

Travay Bondye bay la jwa, tankou lè Hana te pote pitit Samyel. (1 Sam. 1:27-2:1) Plan pa Bondye ka fè nou pase yon tan de detrès tankou sa Josef te pase. Avan ke Senyè a te ba li gran grad, li te van kòm esklv epi pase nan prizon.

Jezi te di disip li yo ke Papa li te toujou ap travay, epi Li menm tou. Nou va ankouraje epi lafwa nou va grandi lè nou wè jan Bondye ap aji. Ti moman sa yo va ede nou kembe fèm epi toujou wè lavi ak kompran travay Bondye.

CHACHE DIREKSYON

Lè n ap deside fè yon bagay enpòtan, li nesesè pou nou priye pou mande Bondye lide pa li ak lè pa li pou mete sa an aksyon. Sa kapab samble kontrè lè m di genyen twa fason pou nou aji kan n ap tann Bondye.

An Premye, nou dwe examine ke nou, epi mande Sent Espri a fè nou wè nenpòt panse ki pa bon. Si li fè nou wè yon bagay ki pa dwat, nou dwe konfese li epi korije li imedyatman. Pafwa, nou tande mete bagay sa akote paske desizyon ki devan nou samble li pi enpòtan, men nou pa ka mande Bondye benediksyon Li si nou poko korije peche a.

An Dezyèm, lè n ap chache direksyon, nou dwe tann ak pasyans, epi koute byen pou lè Bondye di nou avanse. Li ka difisil pou tann, sitou lè emosyon ou byen lojik nou fè nou renmen yon chwa.

Twazyèm, repons priyè nou mande ke nou ap aji. Pou egzanp, lè moun di yo bezwen yon travay epi yo genyen konfyans ke Bondye va ba yo yon djob, mwen toujou mande si yo ap chache yon. Genyen moun ki pa chache; yo ret ap tann Bondye. Nou responsab pa sèlman mande Bondye yon bagay, men nou dwe ap aji tou. Ap tann Bondye pa eskiz pou pares.

La priyè se yon bèl privilèj ke Papa Selès la bay pitit Li. Li vle mennen nou, pou nou sa viv an abondans espirityèl. Nou dwe aktif, ap chache volonte l, ap tande vwa li nan desizyon nou. Kan nou ap swiv vwa Sent Espri a, nou va konnen tout sa Senyè a genyen pou nou.

YON PATNÈ KI EDE OU RANN KONT

Souvan, moun pèdi yon bèl opòtinite lè yo antre nan yon maryaj ou byen yon aktivite ak yon moun ki pa genyen menm sans vale ou byen sans responsabilite ak yo. Sa fè yo pèdi nan libete ke bon chwa ak repitasyon bay. Yon patnè ki renmen Senyè a menm jan ak ou ka fè ou jwe bèl privilèj san fè abi ki jenan. Rezilta yo san fen.

Chache direksyon nan lapriye epi nan bon zami. Onètete va ba ou pòt ouve ak avans nan lavi, epi ou va fè tout sa ke Bondye genyen pou ou fè pou Li duran vi ou.

Si ou rann kont, ou va onèt epi transparan. Lè ou fè erè, ou va genyen gran respè lè ou konfese li. Lè ou klè nan jan ou sèvi ak lè tan ou byen ak kòb, sa va fè ou pran swen pou pa gaspiye yo.

Yon lòt moun kapab wè kèk erè ke nou fè paske li konnen nou, menm si nou pa wè feblès nou. Epi, lè nou bay yon lòt moun libete kritike nou, nou ka pi vit aprann fè pi byen.

Sa ba nou pwoteksyon pou nou pa fè gagot. Nou lib an Jezi, men yon bon patnè se pwoteksyon kont gaspyaj ak antrav.

Libete san kontwòl ka parèt dous, men li ka mennen dezast. Èske ou rann kont pou jan ou depanse kòb, ke ou pase tan ou, ou ak kilès moun ou flannen? Si non, mande yon Kretyen de vale ede ou. Konsa, ou va montre ke ou vle fè Bondye plezi.

TANTASYON PLEZI IMEDYAT

JENÈZ 25:29-34

Se pwobab ke ou konnen istwa Ezaou ki te bay dwa li kòm premye pitit pou yon bol sos pwa. A la sòt! Men, an panse pi lwen pase dwa premye pitit. Èske ou genyen yon bagay de pi gran vale ke ou ap twoke pou yon bagay ki vo mwens? Kilès bagay ki tounen yon bol sòs pwa pa ou?

Èske ou chache byen, ak plas sosyal, olye byen fanmi ou? Petèt ou twò okipe pou ou etidye pawòl Bodye chak jou. Kèk moun pran tan pou jwi yon afè adilte lan plas fidelite, ap satisfe dezi chanel. Lòt moun gate la sante yo ap fime bagay ki gate la sante yo, ou byen yo manje twòp. Lis bagay konsa twò long pou li ta fini sou paj sa a.

Si nou deside mal jodi a, nou kapab manke benediksyon ke Bondye vle ba nou. Si nou tonbe nan yon moman feblès, n ap sakrifye bèl avni pou yon moman de plezi. Nou pa ka viv san panse de sa, ap baze desizyon nou sou lide ki parèt vit konsa. Paske lè yon aksyon fèt, li pa ka defet, sa dwe gide nou nan sa n ap plante. Rekòt aksyon nou ap vini epi rekòt pi gwo pase semans.

Èske ou ap kontanple fè yon bagay ki ka genyen gran efè sou ampil tan, si ou tonbe fè l? Yon moun saj panse sa ki ka bay pwoblèm pou ampil tan si li fè yon bagay. Pinga twoke tan kap vini an ou pou yon bol sòs pwa.

SAJÈS KRIS

PA BILLY GRAHAM

Bib la montre nou genyen de kalite sajès nan mond lan. An premye, genyen sajès ke Bondye bay, yon sajès ki, apre panse Jezi, gade lavi nou selon plas li nan letenite. Lez Ekritu di «Men sajès ki sot anwo pu an premye, epi pezib, janti, fasil bay plas, plen de mizerikod ak bon fwi, san pati ki, epi l pa ipokrit.» (Jak 3:17)

Men sajès le mond antyèman diferan. Li mete dam, briyan, koken, Li fè plan, kalkile kouman twompe kòm bet sovaj. Bib la di pran gad kont kalite sajès sa a lè li di «Nan ampil konnensans (monden) genyen tristès, epi moun ki aprann ampil kreye plis tristès» (Ekleziasi:18)

Sajès le mond fè nou abitwe ak pwoblèm moun epi fè nou di. Lespri de Sajès antyèman diferan. Li montre tout moun la kwa de Jezi Kris kote genyen padon pou peche, epi solisyon sitiyasyon ak pwoblèm ke nou chak konfwonte.

Priye: Papa Selès, Pawòl Ou di si youn pami nou manke konnensans, nou pou mande li epi ou ap ba nou an gran mezi. Konsa, nou mande Ou tan pri, ba nou sajès pa Ou pou jodi a pou tout rankont, pou chak pa nou fè, epi pou chak pawòl nou pale. Nan non Jezi, Amen

OBEYI EPI TANN

JAN 14 :15-21

Nan Jan 14 :21 nou li ke Jezi di lè nou obeyi l, nou montre ke nou renmen li. Pou renmen li nèt, fòk nou genyen abitid obeyi. An gade 4 bagay nan viv konsa.

1. Konfyans nan Pè Etènèl devlope. Sa soti nan kwè sa lez Ekriti di Li ye. Epi Pawòl la di Li bon epi Li fidèl nan gade pwomès Li yo (2 Korint 1 :20). Sòm 86 :15 di Li genyen mizerikod, Li grasyez, emab, epi pa fache fasil. Karakte li rete menm nan tan difisil ou byen mal pou konprann. (Ebre 13 :8)

2. Nou devlope abilite tann Senyè a. Delè kapab difisil lè nou ta vle repons imedyat, men fòk nou reziste tantasyon, epi tann olye kouri devan Senyè a.

3. Nou deside obeyi Bondye. Si non, nou va mal pou deside epi nou va pè pou chwazi jan pa li.

4. Nou vin regilye nan etidye pawòl la. Bib la montre sa Bondye pito, sa li òdone, ak miz an gad Li. Li se yon Limyè ki montre chemen pa li pou nou, epi montre nou tout danje ak obstak nan chemen an. (Sòm 119 :105) San Bib la, nou tankou yon moun nan yon rak nan nwit san flash.

Devni yon kretyen pa di ke obeyi Senyè a otomatik. Li se yon vi de devlope konfyans, ap tann Li ak pasyans avan ke nou aji. Sa mande ke nou deside obeyi pou nou sa evite move chwa epi toujou di Bondye «Wi!».

Kontwòl apeti nou

1 Korint 9:24-37

Ki jan pou pale de la sosyete jodi a? Yo materyalis. imoral, empasyan, gouman, indisipline, pou jis nome kèk defo. Osi, nou se yon sosyete de anvi imedyat. Satan spesyalize nan ba nou opotinite imedyat, ap pwomèt nou ke reponn a apeti nou va ba nou satisfaksyon an ke n ap chache.

Apeti nou pou tèt yo pa peche. Aktyèlman, Bondye ba nou yo. Men, paske nou genyen feblès, nou oblije kontwòle yo. Men, lè apeti kontwle nou, nou genyen pwoblèm. Pòl te di lavi kretyen tankou lavi atlet ki kontwòle tout pati vi yo.

Se exakteman konsa nou ta dwe viv, men nou konn manke chwazi fè li ak dezi epi pouvwa nan fòs pa nou. Pou rezon sila a, nou bezwen depan sou Sent Espri a ki viv nan nou. Si nou remèt Li vi nou epi obeyi l, nou va genyen fòs pou refize dezi krazan de la chè. (Galasi 5:16)

Yon lòt kle pou siksè se toujou panse de letenel olye lè tamporel. Ampil desizyon ke nou wè parèt semp aktyèlman genyen enpòtans espirityèl. Yon moun ka tonbe anba yon apeti epi pèdi yon rekompans etènèl.

Lènmi an toujou eseye fè lide nou fixe sou tantasyon satisfe plezi lè moman olye rekompans ak benediksyon etènèl ke nou ta pèdi si nou tonbe. Se pou nou sonje kouman satisfe tantasyon se pou yon moman, men letènite dire!

JÈN YO

NEEMI CHAPIT 1

Frè pa Neemi rive an Izrayèl, soti nan Jude ak yon move nouvèl. Pèp Izrayèl nan Jerusalem te genyen gwo pwoblèm. Apre li tande afè pwoblèm yo, Neemi jene epi priye Senyè a pou kèlke jou. Duran tan priyè sa a, li aprann ke li dwe mande wa peyi Pers ede yo.

Jene se yon disiplin espirityèl ki ede nou fixe atansyon nou sou Senyè a epi twouve volonte li pou nou sa swiv Li. Moun jene diferan fason; Genyen moun ki pa manje, epi lòt ki lese kèk aktivite. Longe tan ke moun jene ka varye, men bi yo an tout ka se menm – chache Bondye ak volonte Li.

Lè nou komanse prive tèt nou, plizyè bagay rive. An premye, Sent Espri a ede nou bliye lòt bagay de vi nou. amitye, travay, ak plezi pa nou nan panse nou pandan n ap konsantre nou sou Senyè a ak sa li vle. An dezyèm, panse nou va dirije sou Li olye sou nou menm. Panse nou va vin pi klè, abilite nou pou konprann plan Bondye va pi klè, paske nou pa distre pa lòt bagay.

Twazyèm, Senyè a va genyen pou li fè kèk netwayaj espirityèl nan vi nou. Espri li va konvenk nou de atitid]ogey ou byen atitid malen. Lè nou konfese peche nou, nou va padone epi netwaye. (1 Jan 1:9)

Lè nou resevwa nouvèl inatandu, tankou Neemi nou ka santi emosyon nou boulvèse. Ak sajès, li te chache Senyè a nan jenn ak lapriye. Pratik pwisan sa a kapab ede nou menm osi resevwa direksyon kleman de Papa nou nan syèl la ki konnen lè meye wout nan chak sitiyasyon.

Defans kont tantasyon

Pou nou sa devlope defans nou kont tantasyon, fòk nou etidye kouman li vini. Chak peche vini kòm yon panse, souvan kòm yon flèch flaman ke lenmi nou tire sou nou (Efèz 6:16). Si nou reflechi sou yon panse de yon peche, li devni yon fantezi. Yon moun imajine kijan sa ta ye pou fè bagay sa, avan menm yo ka panse fè li.

Pwoblem fantezi se ke li fasil mele nan emosyon moun. Sa kreye dezi pou f epi l, epi kretyen nan oblije chwazi peche ou non. Sa trè danjere, paske chwa ka fèt nan yon enstan.

Kretyen saj chwazi davans pou reziste tantasyon de Satan. Genyen de fòs kòm defans yon kretyen kont peche; deside obeyi Bondye, ak rekonèt ke Li ap kontwòle vi l, ki fè genyen limit sa Satan ka fè. (1 Korint 10:13)

Nou ka reziste tantasyon pi fò lè li parèt. Satan konn mete plezi tantasyon devan nou, pou nou sa wè sa sèlman. Men, ak efò lapriye nou ka wè plis pase sa. Nou ka panse Si se kont lòd Pawòl Bondye? Ak si m fè sa, kisa ki va rive? Èske mwen ka sipòte rezilta peche sa?

Defans kont tantasyon an pa komplèt san lapriye ak Lez Ekriti. Chak moman ke nou fè ap reflechi sou Pawòl Li epi ap kominike ak Li ranfose lafwa nou. Kòm defans nou grandi, nou pibyen pare pou eten flèch flaman pa Satan.

Blese de eritaj

Jeremi 32:17-19

Souvan, lè nou avèk yon moun difisil, se fasil pou jije yo selon aksyon ou byen atitid yo. Men, èske ou konn reflechi kisa ki fè yo dezagreyab ou byen ensanse? Lè la Bib di ke «Bondye peye ankò inikite paran nan kè pitit yo (vèsè 18)», li ap pale de peche de yon jenerasyon a lòt. Si yon moun lan fanmi pa fè yon chwa pou chanje, aksyon de peche a, enkonduit sa va pase de paran a pitit pou plizyè jenerasyon.

Sa a konfime prensip simen epi rekolte. Nou bay model de kondwit ak karaktè ke nou resevwa de paran nou. Si nou pa vle chanje abitid ak panse ki se peche, yo va genyen tandans parèt nan pitit nou yo. Se pou sa ke nou exote paran k ap presante pitit o tamp ke yo priye epi bay pitit yo bon egzanp.

Sa ki vre pou peche vre osi pou blese. Lè ke yon pitit blese lakay, kondwit li ka afekte nan yon fason negatif. Ak verite sa lan panse ou, reflechi sou yon moun difisilke ke ou konnen. Kisa li te soufri lakay ki afekte kondwit li jodi a? Yon ke de kompasyon se rezilta santi blese lòt moun. Sa se pa eskiz peche, men li ede nou genyen pitye pou lòt moun nan.

Epi ou menm; èske blese depi anfans kontribye a sa ou ye jodi a? Ki jan blese yo afekte lavi ou? Si ou pa venk yo, ou va fè ke pitit ou va santi menm blese yo, Men, ak èd Bondye ou ka kase lin kondwit sa, a benefis desandans ou yo.

Osi eksperyans pa ou nan venk blese pa ou va fè ou yon moun ki pi simpatik a lòt moun k ap soufri nan lespri yo.

YON ZOUTI KI FILE PA BONDYE

La bonte de Bondye parèt nan jan Li pa lese nou menm jan nou te ye avan ke nou te resevwa lafwa. Li ta tris si nou te toujou panse, santi epi reaji nan menm jan nou te fè avan ke nou te resevwa Kris kòm Sovè nou. Pandan tout lavi nou, Senyè a sèvi zouti ki file pou fome nou sanble ak Pitit Li.

La Priyè: Lè nou koze ak Bondye, nou devlope yon relasyon

ak Li. Li devni pa sèlman Sovè nou, men osi zami nou. epi kan relasyon an devlope, nou anvi plis epi plis pou nou avèk Li. Lè fix pou pale ak li chak jou devni jwa olye devwa.

Pawòl Bondye: Nou pa ka grandi nan lavi kretyen nou, si nou lese Bib la feme tout semen nan. Person pa viv de yon repa pa semen n, men ampil kretyen chache viv ak yon sèl dine sèvi lè Dimanch pa pastè yo. Ki jan pou nou ta espere ke pawòl Bondye ka fè travay transfomasyon nou si nou pa lese li antre nan panse ak kè nou?

Legliz: Kris sèvi lòt kwayan ki rasamble ansanm avèk nou pou ankouraje nou epi chanje nou. Se la ke nou fwote pami lezòt ki sèvi kòm graj pou poli nou. Legliz se pa kay la, se gwoup kwayan yo ki bay enstriksyon, akontabilite, ak ankourajman.

Èske ou ap lese Senyè a sèvi file zouti Li yo travay nan lavi ou ak nan kondwit nou? Li pa manke vwa monden ak presyon le mond pou rampli panse nou epi pou enflianse kondwit nou. Sèlman lè nou fixe lè pou Bondye, Pawòl Li, ak pèp Li ka Kris fè travay transfomasyon li nan nou.

TI BAGAY YO

JAN 4:34-38

Panse de tout bagay nan istwa ou ki te mennen ou vin konnen Kris kòm Mete ak Sovè ou. Li posib ke ou paka sonje tout ti semans espirityèl yo ak moun ki te simen yo.

Nou osi genyen opotinite ak privilèj chak jou de simen nan lavi lòt moun, telke zami n, moun ki travay bò kote nou, pitit, pitit pitit ou byen etranje. Bondye pran sa ou plante epi Li mete sou li. Li voye lòt moun pou plante plis ou pou wouze te a. Piti piti, verite a swagne nan kè yo. Èske ou te ka fè plis?

Ou byen, ou te ka konsantre efò ou nan swen pitit ou ak sekirite materyel yo, pi bon lekòl ak inivèsite, epi sa p ap konte ditou pou ou nan letenite. Men, lè ou ap simen de verite Bondye ak Espri Jezi, ou ap nouri lespri yo epi ap samble trezo nan syèl la.

Sa ou simen nan kè moun afekte kè yo ak jan yo panse de Bondye, pou yo sa anvi fè yon diferans nan mond lan pou Li.

Se sa ki va pwodwi fwi dirab ak yon rekòt nan vi yo. Menm lè ou pa janm wè sa, Senyè a ka sèvi de ou nan yon fason pwofon.

Bondye wè tout ti bagay ke ou fè; Li enterese nan pi piti detay. Fwi Lespri Li telke jantiyès, pasyans, ak bon fason ak pasyans nan tout sikonstans souvan fè lòt moun wè, menm si yo pa ba yo vale. Me, semans espirityèl konsa fè gwo efè nan Wayom Bondye.

TRAVAY LIDÈ

Genyen gran diferans ant pale sou telefòn ak yon zami epi adrese you gwoup 100 moun. Poukisa nou ka fè plizyè bagay lakay, men nou jene an piblik? Se chay sa ke lidè pote.

Si ou pou fè lidè, fòk ou expoze tèt ou. Se konsa; lavi expoze feblès nou yo, fayit nou, zidòl nou yo, epi Bondye nan lanmou Li expoze yo pou ou sa kombat yo. Men, lè ou se lidè tout feblès, fayit ak zidòl nou parèt devan lòt moun. Sa fè moun ezite pou tèt perèz ke moun va wè defo yo. Jezi pat pè parèt, epi Li se model nou.

Kris te fè ministè Li piblik, menm lè li te konnen ke moun pat ap kompran pawòl ak kondwit Li. Lè li te fè ministè Li an piblik. Li te sakrifye tèt Li, menm lè ke moun yo pat ba Li vale.

Konsa, ki kote ou wè bezwen men ou ezite pran pozisyon lidè? Kilès responsabilite ou pa pran ke w bezwen pran? Kisa ou pè? Perèz ou yo reèl, men sa pa bay dwa exkize ou. Jezi soti nan atelye chapant de Nazaret epi Li te pran pozisyon lidè. Si ou ap swiv Li, ou va genyen pou fè kouwè li.

PARE POU TRAYIZON

LIK 22:1-13

Nou tout gentan trayi yon lè. Epi pa genyen lòt egzanp nan Bib la ki montre pen n, koupabilite ak wont ki rezilta peche sa a pi klè pase istwa Jida Iskaryo.

Jida te genyen privilèj chwazi kòm yon nan douz disip Jezi. Jan 12:6 di ke li te menm genyen responsabilite kembe kòb disip yo. Men menm vèsè sa revele yon verite enpòtan afè Jida; li te yon vole.

Jan indike ke Jida te ava. Apre Mari te vide pafem sou pye Jezi, Jida te plegne ke pafim sa a te ka van pou twa san denari pou bay pòv yo. (22:5) Men vèsè sis di ke li te vle kòb la pou li menm. Nou ka sipoze ke avaris li te fè ke li t ap volè nan kès la depi tan. Peche kache sa a te tout sa ke Satan te bezwen pou gate vi li. Epi, yon fwa ke lenmi te antre, disip la te komanse chache opotinite pou trayi Jezi (22:6).

1 Piè 5:8 di ke Dyab la «tankou yon lyon k ap gronde, ap chache moun pou li devore.» Epi, nan Jida, Satan jwen yon victim ki te vle li pran. Si nou onèt, nou konnen ke nou tout genyen tandans natirel pou nou peche.

Kominyon ak Bondye chak jou fè ke peche kache pa nou pa vin pi gran pwoblèm. Si yo pa frennen, «lyon k ap gwonde» va vin swiv nou, ki dire ki peche nou genyen. Mande Senyè a fè ou wè peche ki pou konfese. Fè li Jodi a; pa lese peche mennen ou nan chemen Jida.

MALADI

Nan sèten pati lane a, nou tande pale plis de maladi ki afecte pèp la nan legliz nou kòm lòt moun. Li samble ke kèk fanmi antye touche nan yon fason ou lòt. Pi fò pale afè maladi ki mete moun kouche men ki pa touye. Men, nou dekouraje – nou pa renmen malad konsa. Li samble ke n ap pèdi ampil tan pou nou sikile. Men sa fè nou sonje kèk bagay ke nou ta bliye:

1. Kò nou kapab malad.

   Nou genyen bon dlo pou bwe, latrin n, savon, dlo twalet, vaksen, desenfektan, klinik kote moun enstwi, famasi, medikaman fasil pou twouve, ak antibiotic, ki gwo resous nan peyi nou. Bagay sa yo kembe nou an sante, epi nous santi ke maladi trè enkonvenyan, menm yon bagay maledve! Pwoteksyon nou genyen kont maladi fè nou santi ke nou dwe viv an sante. Men, an realite, kò nou siseptib a maladi epi pase nan maladi se yon pa nan vi sa a.

2. Li pat sipoze konsa.

   Si maladi pa yon bagay nòmal, poukisa li tèlman nwizib? Pa te genyen malady avan sa Jenez rakonte kouman li antre nan Jenèz chapit 3. Kreasyon pat genyen maladi. Li se rezilta tonbe lòm nan peche epi konsa li vin nòmal! Men, kreasyon pat pou nan eta sa. Konsa, maladi pa genyen dwa nòmal pou li la. Li pa dwe prezan, epi

3. Se pa konsa ke li va ye pou toujou.

   Yon jou, maladi p ap egziste. Sa va vre lè nou tout ak Jezi. Li se yon realite ke nou poko ap viv. Nou ka di Bondye mesi ke nou ak moun pa nou pa

96

> malad pi souvan. Men, lè maladi vini, li ka fè nou tris paske li fè nou sonje eta ras lòm ki tonbe lan peche.

Maladi fè nou sonje eta nou kòm pechè. Li se yon eksperyans pèsonel ki fè nou santi chay peche. Li se senbòl de maledikson ki sou lòm. Maladi pa bon, men peche pi mal! Maladi di nou ke peche pa bon. Nou pa renmen malad, men nou ta dwe rayi peche plis, pa sèlman maladi ki se simtom li. Maladi se opòtinite pou nou espere.

Pi fò pami nou p ap malad pou ampil jou, epi nou va kapab okipe responsabilite nou ak sa nou renmen fè. Nan kèk ka, maladi va fini pa touye nou, men li pa genyen la dènye pawòl. Bib la pale de kò nou kòm yon tant, epi bèl nouvo kò nou nan syèl la kòm yon bilding. Tant sa a p ap dire, men bilding nan va rete. Ou ka trist lè ou wè tant la ap dechifre, men sonje tout tan ke ou nan tant la ke ou ap genyen bilding lan toutan.

«Paske nou konnen ke menm si tant la ki kay nou sou latè va detwi, ke nou genyen yon bilding ke Bondye ba nou, yon kay ki pa fèt pa men moun, ki etènèl nan syèl la.» (2 Korint 5:1)

Donk, kisa ou chwazi – tant, ou byen bilding?

Lè yon lòt kretyen bite

Senyè a pa vle manm kò Li yo ret izole. Kretyen fèt pou fè kòm yon fanmi plen lanmou, yon ap soutni lòt. Yon responsabilite nou kòm manm fanmi li se soutni yon ki bite. Pòl spesifye ke manm «ki espirityèl» pou fè restorasyon manm ki tonbe a relasyon ak Papa Nou epi a pozisyon nan fanmi li. Men sa pou fèt selon atitid moun k ap restore epi moun k ap restore li.

Yon espri de jantiyès: Se pa yon tan pou rèd ak moun ki te tonbe, epi pou jije li. Bi nou pa pou rèd ak moun nan, ni pou fè li santi li pi koupab, men nou pou montre mizerikod ak padon Papa a.

Yon espri de imilite: Moun ki gade lòt ak atitid kè yo pi bon ap panse «Mwen pa ta janm fè bagay sa yo!» Men yon moun ki emb konnen feblès pa yo. Olye jije lòt moun nan, yo examine vi pa yo pou yo sa rekonèt kijan feblès ye, pou yo sa ede li kombat.

Yon espri lanmou: Lè nou renmen lezòt, nou prèt pou pataje chay yo. Sa mande yon volonte pou pran tan, efò ak lapriye pou ede li.

Ki jan ou panse nan kè ou lè yon lòt kretyen bite? Yon bagay ki pi led ki trè komen se panse ke nou pi bon, lè yon lòt kretyen manke. Olye pataje telejol afè moun nan, lese kè ou kase pou yon peche ki bezwen padon, epi ede li.

Sa a bon pou refechi, paske nou tout ka sonje lè nou te reaji fache epi nou pa te janti. Men li fè m sonje ke mwen konn di ke mwen pa renmen ba yon nonm ki tonbe kout pye. Nou dwe eseye pataje Espwa Nou. Sa ki fè mal pliske sonje lè nou pat ede yon moun ki t ap soufri de peche li. Nou peche pi mal pase li (Jak 5:6)! Èske nou priye ase pou moun k ap travay nan prizon, ap ede moun ki tonbe?

YON KÈ KI POU BONDYE

Senyè a di li va ba nou dezi ke nou, men ampil moun pran pwomès sa mal. Yo kwè ke sa yo reflechi se sa ki pou rive yo. Yon maman saj di ke pye ou swiv sa ki nan panse ou, konsa kalkile kisa ou ap reflechi.

Kilès responsabilite ou genyen, lè ou ap tann sa Bondye Pwomèt?

1. Pran plezi ou nan Senyè a (Sòm 37:4). Kretyen dwe kè kontan nan anvi viv obeyisan. Fòk Jezi genyen premye plas nan vi ou, pou ou ka espere jwi benefis vèsè sa a.

2. Remèt Senyè a chemen vi ou (v 5). Lese Bondye chanje nenpòt detay ambisyon pa ou ki pa selon volonte li.

3. Sonje ke lè li pa reponn priyè ou jan ou te vle, se pou rezon pa li.

4. Genyen li konfyans (v 5) Bondye pa rèd, Li konnen tout bagay, Li pa chich. Ou ka remèt li rèv ou ak konfyans.

5. Repoze alèz nan Li (v 7) Sa vle di konfye li reponn nan lè pa li ou byen chanje lide ou pou li sa selon lide pa li.

6. Tann Senyè a ak pasyans (v 7) Jezi te tann trant ane avan ke Li te travay pou twa zan sou tè sa. Selon egzanp Li, tann se yon nan prensip enpòtan de fason vi kretyen.

Èske dezi pa ou aligne ak bi pa Bondye, ak plan pa Li pou vi ou? Li byen anvi bay moun k ap swiv Li an abondans ak jwa k ap debode. Konsa, lese rèv ou yo konfome ak volonte pa Bondye, epi swiv endikasyon li ak fidelite epi jwa k ap debode. Lese rèv ou yo konfome ak volonte Bondye epi swiv lòd Li fidelman. Ou va viv richès pa Bondye sèlman lè ou rann Li volonte ou.

ZETWAL LANMÈ

Te genyen yon granmoun saj ki te konn pwomenen bòdmè pou li te reflechi avan ke l te chita pou ekri. Epi, yon jou li te remake yon moun a distans ap fè mouvman kòm si l t ap danse.

Li di nan tèt li «Ki moun ki ta chwazi pou danse sou plaj sa a jodi a?» Konsa, li te mache vit pou li te rive kote li. Li te kontre yon jenn nonm, men, jenn nonm nan pat ap danse; li t ap koupi pou ranmase plizye bagay, youn apre lòt, epi, ak dousè, li voye bagay yo nan dlo a.

Lè granmoun nan rive pi pre, li mande «Kisa ou ap fè la?» Jenn nonm nan rete, epi li reponn «M ap voye zetwal lanmè sa yo nan plas yo.» Granmoun nan di «Mwen te dwe mande pouki ou ap voye zetwal lanmè nan loseyan?»

Jenn nonm nan reponn «Solèy la pral cho epi lanmè ap bese. Si m pa voye yo, y a mouri.» Granmoun nan di «Men, ti frè m, èske ou pa wè genyen plizyè kilomet plaj ki plen. Ou pa ka fè oken diferans!»

Jenn nonm nan te koute ak polites. Epi li bese ankò, li ranmase yon lòt zetwal lanmè epi voye l nan dlo a, epi li reponn «Li fè yon diferans pou gren sa a!»

ANNE GRAHAM LOTZ SOU KOVID 19

(Mwen santi ke plizyè pami nou te kapab ekri atik sa a ki ekri pa pitit Billy Graham. Nou tout konfyan ke Senyè a ki renmen nou ap akompli plan Li, epi Li avèk nou. —Pastè Wallace Turnbull)

«Va genyen gran tramblman de tè, famin ak maladi atrapan ampil kote, siy ki fè moun pè ak gwo siy nan syèl la. Lè bagay sa yo komanse, kampe, gade anwo paske redamsyon nou ap pwoche.» (Lik 21 :11, 28)

Covid 19, rekonèt osi kòm yon coronavirus, gentan kreye yon perèz nasyonal ke mwen pa janm wè nan lavi mwen. Mwen pi enkyet de perèz la. Samble ke nou pran nan yon panik nasyonal.

Lè mwen refleshi sou sa, mwen sonje pawòl Jezi. Li te di nou ke nan fen syèk la pral genyen plizyè maladi atrapan. Nan tan resan, nou pase sis lòt gwo maladi SARS, fyèv kochon, ebola, fyèv zwazo, MERS, virus Nil Ouest, epi metenan Covid 19. Èske se yon siy an plis ke redamsyon nou ap pwoche? Èske lafen tou pre? Èske Jezi ap vini avan lontan? Si wi, èske perèz nòmal?

Kan lavi Ezayi te twouble, li te gade anwo, epi kòm rezilta li te genyen yon vizyon nouvo de Senyè a (Ezayi 6: 1). Sa se yon tan pou nou gade anwo a genou! An nou mande Bondye yon nouvo vizyon de Li menm, paske li se «refij ak fòs, yon prezans nan tout tan de twoub. Donk, nou p ap pè. (Sòm 46: 1-2) paske moun ki rete nan labri Pi Wo a va repoze nan lombraj Tou Pwisan an. Mwen va di de Senyè a «Li se refij mwen ak fòs mwen, Bondye pa m ke mwen fè konfyans.» Se Sèten, Li va sove ou nan maladi motel atrapan. Ou p ap pè laterè lan nwit ni maladi ki pwonmennen lan nwit, ni sa ki detwi a midi. Mil va tonbe sou kote ou, di mil bò dwat ou, men li p ap pwoche ou. (Sòm 91: 1-2, 5-7)

Sa a se yon tan pou priye pou tèt nou, fanmi nou, nasyon nou ak tout moun patou latè ki genyen vi yo twouble pa lanmò ak konfizyon ke maladi sa a ap fè. Ou menm ave m pou fè Sèten ke eta vi nou ak Bondye korek, pou nou sa pare pou rankontre li kan lè a rive. Epi, ave m, ou pou ede lòt moun ranje relasyon yo ak Bondye. An nou chofe tout efò nou pou nou di lòt moun ke se posib pou genyen lapè nan mitan tan twoub sa a, ak konfyans pou demen, ap apiye sou pwomès Jezi nan Matye 28:20 «Sèten, mwen ak ou toutan, jis fen syèk sa a.»

PREPARASYON

Tout moun panse pafwa afè mouri. Pitit nou David te gentan viv epi venk gwo pwoblèm medikal. Li te vini yon bon mekanisyen dizel epi li te yon mekanisyen rekonèt, chèf mekanik nan garaj Peugeot. Lè ke li mouri a jenn laj vensis, sa te fè m reflechi. Mwen sispan etidye poukisa Bondye pran li. Mwen rekonèt ke tou semp, li te fini ak leson li yo epi li te gradye.

Li te renmen Senyè a. Bib li ki te make ampil kote, epi li te renmen tout moun. Plizyè chofe taxi mande nou nouvèl «Kokoye,» non komik ke li te bay tèt li, lè yo pa wè li. Si li te wè yon ladan yo ak kapòt taxi bogota li leve, se te jwa li pou li te rete epi fè li pati, epi jwa yo tou. Yo te manke l, epi nouvèl lanmò li atriste yo.

GRANDI

Se yon plezi pou wè legliz ap grandi. Sa pa vle di yo genyen plis moun, men ke yo ap aten kominote yo pou Kris.

Lè legiz yo ap grandi, nou konnen ke fanmi ki nan yo ap vini pi fò nan lavi kretyen. Sa vle di ke tout kote ke yo touche nan aktivite yo, nan travay, nan achte, nan lari, ke tout pati kominote yo touche.

Resaman, yon moun di ke pou grandi pi gwo, ke fòk nou pi piti pi byen. Genyen ampil verite nan panse sa a; fòk nou fidèl nan ti bagay nan lavi sa a, pou Bondye sa konfye nou pi gwo lèv ou finans, ou byen enflyans.

Lez Ekriti sipòte verite sa a nan Lik 16:10 ki di «Moun ki fidèl nan pi piti, li fidèl osi nan sa ki pi gwo, epi moun ki pa jis nan sa ki pi piti enjis osi nan sa ki ampil.»

Si ou vle wè Bondye beni vi ou epi pèmèt ministè ou grandi, se pou ou fè li genyen ou konfyans nan ti bagay piti de lavi ministè ou. Mandel ede ou pou ou sa toujou genyen ke yon sevitè, ki fè li lese enfliyans ou elaji.

JWENN SAJÈS

Li klè ke pi bon kote pou jwen la sajès se la Bib. Pa genyen yon pwoblèm nan lavi ke pawòl Bondye manke pale sou li. Prensip Li yo pou bon karakte, kondwit ak konvesasyon kouvri tout sitiyasyon ak desizyon ke moun konnen.

Nou tout kapab sonje okazyon ke nou pat reponn byen a yon moun. Ensidan sa yo montre ke swa nou pat konnen yon Sèten prensip biblik, ou byen ke nou te konnen prensip la, men nou te chwazi inyore li. Pou nou sa Sèten ke nou konnen epi ke nou genyen abitid swiv lide pa Bondye, fòk nou etidye Pawòl Li.

Pou egzanp, si ou rive nan travay, epi yon lòt amplwaye atake ou vèbalman, ap blame ou pou yon bagay ki pa vre, ou natirèlman ta reponn an kolè. Men, Lik 6:27-29 montre nou yon lòt fason pou nou pale. Nou ka di tou dousman «Mèsi, dèske ou fè m konnen sa ki nan panse ou. Èske genyen lòt bagay ankò?»

Konnensans soti nan etidye sa Bib la di; sajès se aplike li. Nan Sòm 119:11 ak Pwovèb 8:33, Senyè a mande nou gade Pawòl Li nan kè nou ak nan tèt nou pou nou sa koute enstriksyon Li yo.

Nou devlope sajès pandan n ap mache nan lavi kretyen – ap sere lez Eritu nan kè nou, ap fè sa yo di, epi ap gade rezilta a. Sa toujou pou byen nou, menm lè konsekans parèt mwen favorab. Bondye vle ke ke nou obeyisan, ak lespri nou de bon volonte

DEVLOPE PASYANS

JAK 1:1-4

Lè moun di m ke y ap priye pou pasyans, mwen souvan mande yo ki lòt bagay y ap fè pou genyen yon kè kalm epi dou.

Pasyans se pa yon kado ke nou resevwa; li se yon kalite ke nou devlope ak eksperyans.

Panse de pasyans kòm yon venn kè ou oblije sèvi pou li sa devlope fòs. Konsa, kretyen dwe rekonèt difikilte se opòtinite pou exese ven pasyans. Enstenk natirel pa nou menm se pou nou egare epi mande Bondye èd lè nenpòt tribulasyon vini. Nou blame, nou reziste, nou plenye. Nou manke di «Mesi, Papa; se lè pou m sa exese pasyans !»

Moun pa enstwi pou panse konsa. Men, Bib la montre nou se konsa.

Jak di nou pou nou konsidere pwoblèm yon jwa (1:2)! Men, nou pa fè sa fasilman paske se pa koutim moun pou di mesi pou traka! Nou ka remesi Senyè a pou solisyon pwoblèm nan kè L ap pote, Sèten. Nan mond sa a, se pa koutim bay remesiman pou pwoblèm ak setente ke l ap rezoud. Men, pou kretyen sa fè bon sans lè yo kembe fò a pwomès Bondye ke byen soti nan pwoblèm (Ròm 8:28). Nou p ap tann Senyè a an ven. Nou ka lwe Li pou solisyon ke Li pral pote, pou vi moun Li va chanje, ou byen pou fwi espirityèl ke li pral devlope nan nou.

Aksepte tan difisil kòm mwayen pou grandi se yon lide diferan nan mond sa a. Epi gren kretyen ki bay Bondye remesiman pou move tan pi ra, menm. Men pitit Li genyen rezon rejwi. Tribulasyon devlope pasyans pou nou ka kampe fèm sou pwomès Li epi tann bon lè solusyon pa Li.

BONDYE NOU ADRESE AN

NEYÈMI CHAPIT 1

Ki jan ou wè Lè Senye? Èske ou wè Li kòm Yon ki ka rezoud tout pwoblèm ke ou bote devan l?

Neyèmi te konnen Bondye konsa. Lè li tande afè destriksyon Jerusalem, li kriye, li pa manje, epi li te priye pou Bondye te aji. Priyè l nan Neyèmi 1:5-11 montre kouman li te wè Bondye tout pwisan. An premye, Non Yahwe sinyife Yon Ki Toujou Fidèl. Dezyèm tit Elohim di Gouvène Tout. Neyèmi te genyen Bondye tout konfyans.

Epi Senyè a te reponn priyè li nan yon gran fason. Kòm moun nan ki lonje manje bay wa a, li te goute tout manje ak bweson avan li te lonje li bay wa a, pou evite ampwazonman. Se te yon gwo bagay pou li te parèt tris lè li t ap fè sa, men nan Neyèmi 2:1 nou wè li te kraze.

Wa mande zami li ki sak t ap twouble l, epi Neyèmi rakonte eta pèp li Jwif yo, epi olye vexe, Artaxerses te voye li al bati tout sa ki te detwi, epi li te ba li materyo pou travay la! Bondye te rezoud yon gwo chay pou Neyèmi, epi li ka fè menm jan pou nou kòm se ekri nan Sòm 86:7. Sonje ke Li genyen tout pouvwa ki san limit, epi Papa Selès Nou anwo tout.

LESPRI SEN AN

Menm moman ke nou pran Jezi kòm sove nou, Li ka chanje nou komplètman, epi Li wè nou kòm moun jis lè nou ba li pa sèlman ke nou, men tout panse nou tou. Nan moman sa, nou rachte epi malgre nou kontinye lite ak peche, peche se yon lenmi venki. Epi, nan tan k ap pase, sèvis ak don nou epi lanmou nou pou Li natirelman vini pi gran.

Malerezman, ampil kretyen chita legliz chak semen apre semen, ap repete seremoni yo, men yo manke vi ak chalè epi rete menm. Yo pa grandi. Malerezman, ampil kretyen pa konnen travay esansyèl Sent Espri a. Papa m te toujou di ke se kòm si ke nou se yon kay divès pyès epi yon se kote nou seche po bet nou manje. Sent Espri a pa ka rete la nan move odè.

Sent Espri a se yon pati Bondye an twa person n, egal ak Papa Bondye Etènèl ak Jezi depi avan kreasyon de linivè, epi Li te pran pa ladan li. (Jenèz 1:2 ak 26) Jodi a Li ap travay pou devlope tout kretyen, ap montre nou sa ki bon pou fè.

Sent Espri a se yon kado a tout kretyen. Èd prezans Li se pa yon bagay nou genyen pou chache merite. Pito, se yon privlej mèveye ke Li vini rete nan kè nou. Li kapab gide n, ba nou fòs, epi ede nou evite danje, ap mennen nan la verite (Jan 16:7-8). Epi, Jezi te vini pou nou te ka viv yon vi komplèt (Jan 10:10). Men se posib sèlman lè nou obeyi.

Èske ou ap jwi lavi abondan ke Jezi te pwomèt? Li pat pale de sikonstans peyzib, men pito lavi jwaye pa ou ak Li. Si ou manke jwaye konsa, etidye relasyon ou ak Lè Snt Espri, epi priye ke ou va konnen ke l ap gide ou. Si ou manke nan jwa sila a, etidye ki jan ou kompran Lespri Sen, epi priye ke Lespri Sen va gide lespri pa ou.

POUKISA YON LEGLIZ KA FÈB EPI LI PA GRANDI?

N ap gade pouki ampil jen kite legliz. Yon etid twouve ke 70% de laj 18 a 22 ane sispan mache legliz pou o mwen un an. Yon lòt etid di ampil jen de laj 20 an lese legliz pou rès lavi yo. Men pouki:

1. Moun yo pa priye kòm yon sèl kò.
2. Li se yon gwoup tripot ki pa konfwonte peche
3. Manm li pa chache ambrase lòt moun
4. Li pa ankouraje manm li pran wol yo
5. Li pè aji, li mize pou pran desizyon
6. Li dezoganize, mizik li pa bon ou byen sèvis li yo pa enteresan
7. Li dirije pa yon ti gwoup de kèlke manm
8. Li pa menaje lajan li byen, epi toujou nan yon pozisyon de kriz finans.
9. Li parèt ensosyab paske li pa reponn a ou byen kouvri nan preche kèk pwen kote kèk moun doute.

    Se enpòtan ankouraje moun di sa ki fè yo doute ou byen kestyone. Yon etid twouve ke 36% de jenn pa jwen repons a kesyon yo. Pou egzamp. yon Milyonè Steve Jobs nan Etaz Ini te konn asiste regilyèman kòm ti moun, men li te kite legliz a laj de 13 ane paske li pa wè ke Bondye okipe ti moun k ap mouri de la fen, pa tout latè. Lè moun genyen kesyon, yo dwe jwen repons serye ak bon refleksyon.

Lontan sa, nou te genyen yon jenn doktè ki t ap pwomenen ak fyanse li nan ba vil. Li wè yon malere plen gwo ple ap mande, epi li di «Pouki Bondye pèmèt tel soufrans!?» Epi fyanse li reponn «Petèt se pou ou.»

10. Yo pa santi konnenksyon ak legliz ou byen santi ke yo apresye. Sòm 130:14 di ke nou lwe Bondye paske nou wè ke Li fè nou yon fason mèveye, epi ke travay Bondye (Jen yo inkli) se yon mèvèy. 1 Jan 3:14 fè n «konnen ke nou pase de lanmò a lavi, paske nou youn remen lòt. Moun ki pa renmen rete nan lanmò.»

Lè jen yo pa twouve lanmou nan legliz la, nou pa siprann ke yo kite. Legliz dwe yon kominote kote tout moun santi ke yo ambrase. Lè yo pa entegre, legliz pa grandi epi evantyèlman li seche ou byen mouri.

11. Yo kwè ke la Bib kontredi tèt li. Konsa yo sispan kwè ansèyman legliz. Yo merite repons byen etidye. Pou egzanp, de pasaj kapab samble bay diferan repons men lè nou etidye nou wè se pa sa. De pasaj kapab pas amble, men yo pa kontre.

12. Yo pa renmen fason legliz jije tou sèk kesyon afè la syans ou byen lòt bagay. Yo santi manb li genyen lide yo se dènye sous la verite, epi yo pa genyen pasyans ak moun ki presante kèk lide diferan.

Jezi te pale san pèmèt diskisyon men pastè ak lide dwe genyen repitasyon ke yo explike apre yo vinn genyen lanmou jènn yo.

POTE CHAY LÒT MOUN

1 TESALOSYEN 5:14

Genyen moun k ap soufri de pwoblèm lavi tout kote. Men pafwa nou pa konnen kisa pou di pou ede yo ak doulè kè yo.

Men sis fason pou ede yo:

1. Se pou nou kote yo. Ampil fwa, pi bon èd se prezans yon zami. Lè bagay pi rèd, nou pa bezwen moun ranje kichoy; nou jis bezwen yon zami.

2. Koute. Pa chache bay solisyon pou di kisa pou yo fè. Moun ki genyen kè blese souvan sèlman bezwen vide kè yo bay yon zami, pou di kisa ki ap twouble yo.

3. Pataje. Pinga panse ke ou genyen tout solisyon. Pito lese la penn pa ou ede ou soutni lòt moun.

4. Priye. Nome lòt moun devan Senyè a genyen gwo efè pwisan. Lè yo tande lòt moun pale ak Jezi nan entere yo, gerizon fasilman komanse.

5. Ba yo kichoy. Pafwa ede lòt moun materyelman fè relasyon an pi efikas. Petèt yo bezwen yon èd materyel. Yon pi bon siy de senserite se ki jan nou prèt pou bay lòt moun.

6. Ramplase li. Petèt yo ap okipe yon lòt moun epi bezwen deplase pou fè yon lòt bagay. Kembe pou yo nan plas yo pou mete yo lib, epi ou ap imite Sovè nou ki te pran plas nou.

Paske nou pa te kapab fè l, Jezi te pote tout la pen ak tristès nou tout, epi jiska lanmò! Kòm rezilta èd Li, nou ka viv kè kontan etènèlman an kominiyon ak Papa nou. Si Kris te fè tout sa pou nou, kijan pou nou di nou genyen twòp okipasyon pou pote chay yon lòt?

PINGA FÈ ERÈ NAN SÈVI PAWÒL LA

Genyen plizyè fraz ou byen vèsè ke moun sèvi kòm mesaj la Bib nan yon sans kontrè ak vre mesaj ki nan vèsè sa yo. Men kèk:

1. «Senyè a gade ant nou pandan nou yon absan de lòt.»

    Moun ki remen sèvi li mal. Yo fè bijou 2 pyès ak yon pati vèsè a nan chak bò pou yo chak ka kembe memwa lanmou yo. Men aktyèlman, vèsè a se yon menas paske Jacob ak Laban te chak twompe lòt tèlman ke yo pa fye yon lòt, menm. Petèt jen renmen ta sèvi li konsa!

2. «Paske m konnen plan ke m fè pou nou, di Senyè a, plan pou byen epi pa pou mal, pou ba nou yon lavni ak yon espwa.» (Jeremi 29:11)

    Vèsè sa a sèvi ampil, tankou lè etidyan ap diplome. Men si ou gade nan Bib la li te adrese ak pèp Israyel ki te pou kraze anba lenmi ki ta detwi vil yo epi pati ak kèk ladan yo kòm prizonye peyi lwen nan Babylon. Yo te pou rete otaj pou 70 lane epi se ra gren ki va viv pou retounen. Vèsè a vle di ke pitit ak pitit pitit yo va genyen opòtinite retounen an Israel. Wi, genyen espwa, men yo p ap wè li yo menm. Se pa fasil pou moun wè vèsè a konsa!

3. «Kote de ou twa moun reyini nan non mwen, mwen la pami yo.» Se yon vèsè ki sèvi pou montre ke Bondye beni renyon lapriye. Men pasaj sa a ap pale de disiplin nan legliz, ak de ou twa temwen nan legliz local k ap chache fè yon manb ki tonbe retounen epi swiv Jezi. Nan vèsè sa a, Jezi ap di ke li ak nou lè n ap chache swiv Li.

4. «Mwen ka fè tout bagay ak èd Li menm ki ban m fòs.» Filip 4:13

   Pawòl sa pa genyen oken relasyon ak fè gol, ou byen genyen bon pye pou premye rive nan yon kouri, ou menm pi bèl not nan etid lekòl siperyè. Sa pale de kè kontan menm si ou grangou, vant plen, genyen kòb pou bay ou byen razè.

Men, mwen vle ke nou konnen «Ka, Bondye pat ba nou yon espri de perèz, men de pouvwa, lanmou, ak kontwòl tèt nou.» (2 Timote 1:7)

Si ou ap eseye genyen yon bèl plas nan koral legliz, oswa ou ap chache presante tèt ou pou yon pozisyon, ap tann konfwonte moun nan yon renyoin difisil, ou byen ou pral anba kouto nan yon operasyon lopital, genyen kèk vèsè pou choz komsa, men vèsè sa a pa ladan. Perèz ke Pòl ap pale isit se perèz idantifye ak Kris ou ak moun k ap soufri paske yo sèvi li. Nou tante pou nou pa idantifye tèt nou ak yo paske nou pa vle wè soufrans terib. Lè nou konnen byen sa ki reèlman enpòtan, se pa pèt pozisyon alèz, men se pèt desizyon nou pou mete Kris avan tout.

Note isaj vèsè sa yo byen atiran men vre verite yo pi fò epi pi rich anpil. Sa montre nou kalite relijyon ki trè popilè nan legliz boutik. Moun vle yon Jezi ki va ede yo pase nan lavi sa san fatig. Men, Kris mande nou remèt vi nou, pote kwa nou, mouri a logèy tèt nou, epi viv ak soumisyon total a direksyon pa li.

Sèvi la Bib fason li te fèt pou sèvi pa popilè Jodi a, men verite li yo pli pwisan anpil.

Fè kès pwojè

Genyen gran diferans ant manm yon legliz ak lòt. Genyen ki jenere, lòt ki chich ak travay Bondye.

PLANIFIKASYON

Twòp souvan, legliz tann yon ka pou mande pote kole. Swa tèt kay koule, pòt bezwen chanje, miray sal, etc. Mande kòb a lenstan pa toujou reyisi. Se pa ke li manke ijan, men pat genyen plan.

Odineman, moun vle avèti davans pou yo sa pare pou bay. Li toujou pi bon si pèp la avèti davans epi yo konnen ke te genyen etid ki te fèt avan pwojè la presante.

PRÈCH AK ANSEYNMAN FÈ BAY

Moun ki bay gentan aprann pa enstriksyon ke li se yon pati lavi kretyen. Men se pa tout pastè ki panse konsa. Kèk pastè santi pale sou bay fè yo mal alèz. Men lè yo pa pale pèp la afè bay, yo manke nan sèvis ke yo rann.

Se ofrann ki sipòte ministè legliz, epi si pastè ou predikatè pa enstwi pèp la sou pwen sa, yo manke fè travay yo.

Nan 2 Korint 9:6-7, Pòl di nou ke Bondye renmen moun ki bay ak kè kontan, epi moun ki simen chich va rekolte chich. Epi, genyen plizyè vèsè ankò nan Bib la sou bay. Se pou tèt sa, legliz ki mache pi byen se yo ki anseye prensip espirityèl ki nan bay.

WÈ LWEN

Lè nou pale de bay; se trè diferan pou fè konprann epi reve de kisa fon ki ranmase ka ede. Reve de rezilta ki posib pi enpòtan ke bezwen bay. Anseye bay se yon fòm de ministè espirityèl. Li se yon fason pou pataje ak lòt kretyen vizyon ke Bondye ban nou, epi envite lòt kretyen vin patisipe nan vizyon an.

Yon nonm rich ki renmen ede te di yon frè ki t ap chache fon pou yon pwojè «Mwen pa enterese nan bezwen ou. Mwen enterese nan rèv ou, ak opòtinite ke sa va kreye.»

Nou pou toujou pale de ministè ke kòb la va ede, travay legliz ki va reyisi, olye sèlman di ke tèl bagay bezwen fèt.

Epi, pinga bay empresyon ke lide a sèlman fèt yon fason banal. Montre vizyon epi kominike li pou sa ka reyisi.

TANDE REZON LÒT MOUN

Si nou koute radio ou byen li nan joumal, se tankou lè yon siklon ap vini. Chak candida ou byen ofisyèl anba akizasyon tankou li te touye moun ak machete, volè ofran legliz pandan moun yo te feme zye pou priye, ou byen te vyole yon tifi.

Pwopagan, gaye fo enfomasyon, ak gaye perèz preske ramplase koze ki pèmèt chak bay opinion li ak respè lòt moun.

Ampil kretyen konnen sitiyasyon sa a lakay yo, ou byen nan travay. Lè yon moun ap chache rezoud yon dezagreman, moun feme telefòn sou yo, rele sou yo, soti nan pyès kay kote yo ap pale, fè yo mank dega epi chache detwi yo, olye tande epi rezoud kesyon an.

1. Lè ou ap chache rezoud yon kont, sonje ke chak moun te fèt lan pòtrè Bondye. Si ou derespekte yon moun, ou ap derespekte Bondye. Donk, toujou gade lòt moun kòm moun ki rezonab ki kapab montre ou kichoy. Yon bon fason pou respekte moun nan se pou ou:

2. Koute li san dekoupe li. Meznami, si ou sèlman koute san dekoupe l, ou pa sèlman va konprann sa li vle di, men ou va evite ke diskisyon an devlope nan yon batay pawòl cho depase. Lese li explike opinion li, pozisyon li. Si ou oblije, ekri ti not de sa li di. Tann li fin pale pou diskite nenpòt detay ke ou pa twouve akseptab.

3. Mande kesyon pou fè tout detay kle, pou ou ka pi byen konprann

4. Repete opinion pa yo nan yon fason ke yo dakò se sa yo
   di. Lè sa a, y a konnen ke ou te tande say yo kwè. Lè lòt
   moun konnen ke ou kompran yo, yo nan yon pozisyon
   pou tande sa ou vle di, ou menm.

Kat pwen sa yo se pwen enpòtan nan liv St Jak. Pou respè
Levanjil epi pou repitasyon fè kòm Jezi. Pa swiv fason moun k ap
fè politik sou radio, etc. k ap fè atak sou pesonalite lòt moun. Ou
dwe renmen menm enmi ou. Sonje ke lè nou te lenmi Bondye,
Li te renmen nou epi li te voye Kris pou nou. Epi, nan Kolòs 4:6,
li ekri «Ke pawòl nou toujou pale ak gras.»

Nan lane 2000, ofisyèl nan vil Charlotte kote li te rete te envite
Billy Graham nan yon fèt you fè pou onore li. Kòm li a 98 ane laj
t ap soufri pèdi memwa, li te ezite, men yo te ensiste. Apre tout
kompliman yo, li te pran pale epi li di «Jodi a mwen sonje gran
savan Albert Einstein, ki fèk onore kòm Lòm de Syèk la.

Einstein t ap vwayaje de Princeton sou yon tren lè lamplwaye
vin tcheke tiket tout pasaje. Einstein gade nan tout poch li ak
toutotou kote li te chita ak nan valiz li, men li pat kapab jwen li.

Amplwaye la di «Pa twouble ou, Doktè Einstein. Nou konnen
ou epi nou konnen ke out te peye.» Einstein remesi li. Nom nan
kontinye pese tiket tout moun, epi lè li rive nan bout pyès la, li
vire gade. Li wè Einstein sou jenou l, ap gade anba tout syèj yo.
Nom nan prese retounen pou di gran moun nan «Doktè, Doktè,
pa bat kò ou; nou konnen ou, epi nou konnen ke ou toujou
peye.» Einstein reponn «Jenn nonm, mwen konnen ki moun
mwen ye. Sa mwen pa sonje se kote mwen prale!»

Billy kontinye.. «Èske nou wè kostim ki sou mwen? Li tou nèf.
Tout fanmi m yo t ap di mwen ke mwen pa abiye m byen depi
m vin gran moun. Mwen te konn byen abiye. Konsa, mwen al
achte yon kostim nèf pou okazyon sa a, epi pou yon lòt okazyon.

Èske nou konnen kilès okazyon? Se ak kostim sila a ke mwen va antere. Men, lè mwen mouri, mwen pa vle ke nou sonje kostim nan imediatman. Mwen vle ke nou sonje ke mwen pa sèlman konnen ki moun mwen ye, men mwen konnen kote m prale.

Mwen dakò ak Billy. Lè maten jou lantèman pitit mwen David, Frè Jeannot t ap ede m. Lè nou te leve kò David pou mete li nan sèkèy ke nou te fè pou li, David te tèlman miskle ke nou pat ka fè li antre. Nou te vit fè yon lòt. Mwen di ke mwen p ap bay pwoblèm sa a, epi mwen fè taye sèkèy pa m depi lè sa a.

Moun laba ban m yon bèl kostim len mouton ki twò cho pou Ayiti. Li pan nan klozèt ap tann jou a.

Lè m rive, m a fè Billy ri kouman mwen fè menm jan ak li.

Yon non dwòl
pa vle di moun dwòl pou sa

Yon fam Ameriken ki rele «Marijuana Pepsi Vandyck» pa kite moun k ap moke non li ki dwòl kaponnen li. Li genyen konfyans epi ankò li se yon doktè medikal.

Marijuana Pepsi Vandyck di li pase vi li ap sipòte moun k ap ri drol non ke maman li te ba li. Sa se paske li nan peyi koutim blan ki gouvène koutim pi fò sitwayen. Bay non pou attire atansyon, swa komik ou byen ki sinyifye kichoy se yon koutim nan Lafrik peyi zanset nwa.

An Haiti, moun iletre souvan bay pitit yo non ke yo tande nan nouvèl lòt peyi, non moun ki pa admirab kòm Hitler, ou byen ki te bon moun tan lontan ki te fè gran explwa. Pafwa non yo komik, tou. Te genyen yon nonm ki te rele telefòn ki te pase vi li nan vil Anse Rouge. Epi, lè m te rete Pont de l'Estere, mwen te fè nos yon granmoun nan Platon La Croix ki te rele C'est Crasse C'est Toute.

Lè ke Marijuana te piti, premye fwa li mande maman li pouki li nome li konsa. Maman li di li ke non sa a va mennen li pa tout latè. Li te konnen ke maman li te genyen ampil lespri, epi li kwè ke maman li toujou kwè sa!

Li te genyen nèf an lè li te premye wè ke non li byen dwòl. Se te pa sèlman lòt ti moun ki te komante, men pwofesè yo, tou ki te mande li anonse non li. Tout moun te pale sou non li, epi jis jodi a tout moun pale.

Yo te mande li rele tèt li Mary, epi sa te ale trè byen jis li gagne yon diplòm nan yon kompetisyon eple mo. Lè ke maman li wè ke diplòm nan rele li Mary Jackson, li te fache ampil. Maman li di pa janm pèmèt bagay konsa ankò. Epi li ale lekòl epi fè yo chanje diplòm nan. Maman li pat ap jwe!

Men lè li rive nan lise, toumant latè rèd, vre. Li te di li p ap sipòte moun di li betiz, epi fanmi li te ba li sipò moral.

An Me, 2019 li te fè disetasyon li sou sije «Non nwa nan sal de klas blan, kondwit pwofesè ak pesepsyon etidyan.»

Li di ke malgre li te genyen pwoblèm ak non li, li pat jam panse kouman li ta afekte lòt moun. Lè li rive fè pwofesè, yon lòt pwofesè fè direktè a plent. Li de ke Marijuana gade lis non tout etidyan yo epi li pran tout etidyan nwa yo.

Jodi a li marye, li rete nan Illinois ak mari li ak yon pitit gason, ap travay sou yon pwogram pou ede etidyan inivèsite. Li ekri «Nou imen. Lè nou premye tande non yon moun, nou fome yon opinion ak jijman. Se sa nou fè apre sa ki fè yon diferans.»

Zo tèt Mkwawa, chèf tribi afriken, te de gran vale pou kolon Ewopeyen!

Zo tèt yon chèf Afriken ki te reziste colonize Ewopeyen ki t ap explwate richès peyi li te enfliyanse menm yon gran dokiman fèt pa tout pouvwa de Lewòp! Yo te pran plizyè jou pou konplète yon akò de pliske 400 paj, li te mansyone. Se te nan Akò Versailles nan ane 1918.

Mkwawa te lite kont Alman yo ki te pran plizyè pati Afrik pou pran richès yo – bwa, bijou, ak divès metal.

Alman yo te voye plizyè gwoup solda byen ame men abitan zon li sa a nan Tanzania te pran yo ak ambiskad epi nan batay ak baton, epe, ak flèch.

Bouke ak rezistans nom sa a, Alman yo fini pa voye gwo zam ak ampil efò – metrayez ak kanon. Yo te kraze pèp li epi Mkwawa te kache nan yon gwo gwòt. Lè ke li te santi ke yo ta pran l, li te touye tèt li ak pwazon. Epi, pou fè sèten ke li te mouri, lè Alman yo te jwen li, yo bay kadav li yon kout bal revolve nan tèt, ki fè twou a toujou parèt.

Alman koupe tèt Mkwawa epi yo montre zo tèt li nan biwo kolonyal yo kòm yon senbòl de viktwa. Epi, yo te bote li nan peyi yo pou montre ke yo genyen viktwa nan Tanzani pou bay pèp pa yo richès peyi a.

Lè ke plizyè lòt peyi nan Lewòp ak Ameriken te reziste tanta Alman pou gouvène yo tout, yo te di Alman yo pou yo retounen zo tèt Mkwawa kòm senbòl de pouvwa sou Tanzani. Chèf Angle te sèvi li kòm senbòl pouvwa pèp pa li!

Lè pèp Tanzani pran endepandans, yo mete zo tèt Mkwawa nan yon ti mize. Yon amplwaye mize a di «Li ba nou opòtinite pou fye de yon pèp ki te reziste kolonize yo» Epi yo te pran foto de chèf yo, Sappi, pitit pitit Mkwawa ak li, jou zo tèt latè retounen.

Ayisyen kapab santi emosyon pèp Tanzani, lè yo sonje ke yo pa menm konnen plas fòs lantèman Toussaint Louverture ki te mouri na yon kote frèt nan yon mòn an Frans.

Ameriken fè lantèman Prezidan yo Abraham Lincoln, ak gran lonè. Li te mouri ap lite kont esklavaj nan Etazini. Mwen ap priye pou otorite yo ki ap lite kont esklavaj satan de ampil ti peyi kòm Ayiti ki nan esklavaj Satan epi ap soufri vyolans komès dwòg. Esklavaj sèvi dwòg touye anpil moun chak ane.

Lapot Pòl te priye ak nou «Pawòl serye – Senyè Jezi, pa mize pou vini.»

www.ingramcontent.com/pod-product-compliance
Lightning Source LLC
Chambersburg PA
CBHW021131020426
42331CB00005B/713